# Das Hartwell-Papier

Nico Stehr (Hrsg.)

# Das Hartwell-Papier

Eine Neuausrichtung der
Klimapolitik an der Menschenwürde

*Herausgeber*
Nico Stehr
Zeppelin Universität
Friedrichshafen, Deutschland

ISBN 978-3-658-07459-3         ISBN 978-3-658-07460-9 (eBook)
DOI 10.1007/978-3-658-07460-9

Die Deutsche Nationalbibliothek verzeichnet diese Publikation in der Deutschen Nationalbibliografie; detaillierte bibliografische Daten sind im Internet über http://dnb.d-nb.de abrufbar.

Springer VS
© Springer Fachmedien Wiesbaden 2015
Das Werk einschließlich aller seiner Teile ist urheberrechtlich geschützt. Jede Verwertung, die nicht ausdrücklich vom Urheberrechtsgesetz zugelassen ist, bedarf der vorherigen Zustimmung des Verlags. Das gilt insbesondere für Vervielfältigungen, Bearbeitungen, Übersetzungen, Mikroverfilmungen und die Einspeicherung und Verarbeitung in elektronischen Systemen.

Die Wiedergabe von Gebrauchsnamen, Handelsnamen, Warenbezeichnungen usw. in diesem Werk berechtigt auch ohne besondere Kennzeichnung nicht zu der Annahme, dass solche Namen im Sinne der Warenzeichen- und Markenschutz-Gesetzgebung als frei zu betrachten wären und daher von jedermann benutzt werden dürften.

Gedruckt auf säurefreiem und chlorfrei gebleichtem Papier

Springer VS ist eine Marke von Springer DE. Springer DE ist Teil der Fachverlagsgruppe Springer Science+Business Media.
www.springer-vs.de

# Inhalt

Vorwort ........................................................................................... 7

Kurzfassung ................................................................................... 9

Teil I: Von „How to get climate policy back on course" zum „Hartwell-Papier" ............................................................... 11

Teil II: Radikale Neuformulierung ................................................ 19

1 Unsere drei übergreifenden Ziele .......................................... 22
  1.1 Gewährleisten, dass es Zugang zur Energie für alle gibt ............ 22
  1.2 Gewährleisten, dass es stabile, vor Klimatreibern aller Art geschützte Umwelten gibt ............................................................. 23
  1.3 Gewährleisten, dass die Gesellschaften mit dem Klimarisiko leben und umgehen können („Anpassung") ......................................... 25

2 Wie der Klimawandel von 1985 bis 2009 systematisch missverstanden wurde, und welche Konsequenzen daraus zu ziehen sind ................ 26

3 Die missverstandene Natur der Wissenschaft von den Erdsystemen ............ 29

Teil III: Radikale Abkehr vom klimapolitischen *Business-as-usual* ................ 35

4 Rückkehr der ausgeklammerten, nicht-$CO_2$-basierten Klimatreiber an vorderste Front ............................................................. 38

5 Gewährleisten, dass in einer komplexen Welt das Beste nicht der Feind des Guten ist ............................................................. 41
  5.1 Die politischen Voraussetzungen von Energieeffizienzstrategien ..... 42
  5.2 Das Primat der beschleunigten Entkarbonisierung der Energieversorgung ..................................................................... 46

6  Wie das bezahlt werden kann: Argumente für eine niedrige, zweckgebundene $CO_2$-Steuer ............................................................................ 54

Schluss ........................................................................................................ 61

Literaturverzeichnis ................................................................................... 63

Verzeichnis der Autoren ............................................................................ 71

# Vorwort

Dieses Papier ist das Ergebnis eines von der London School of Economics (LSE) im Februar 2010 einberufenen Treffens zur Reflexion über Konsequenzen aus den Entwicklungen der Klimapolitik Ende 2009. Das Hartwell-Treffen war ein nicht-öffentliches Treffen, und es galt die Chatham-House-Regel. Die Teilnehmer kamen aus verschiedenen natur- und humanwissenschaftlichen Disziplinen, aus Universitäten und anderen Institutionen und aus aller Welt. Das aus diesem Treffen hervorgegangene Hartwell-Papier ist das dritte in einer Reihe von gemeinsamen Publikationen, entstanden aus einer Zusammenarbeit zwischen London und Oxford. 2007 veröffentlichten Professor Steve Rayner und ich „The Wrong Trousers: Radically Rethinking Climate Policy"; eine Zusammenfassung der wichtigsten Argumente erschien außerdem in Nature („Time to ditch Kyoto", 449, 25. Oktober). Darauf folgte im Juli 2009 „How to get climate policy back on course" von einem größeren Kreis von Autoren. Für die vorliegende Arbeit wurde dieser Kreis neu zusammengesetzt und erweitert.

Das Mackinder Programme an der LSE dient dazu, tiefere Einsichten in die treibenden Kräfte von Ereignissen zu gewinnen, die wie Vulkane plötzlich ausbrechen können, aber mehr sind, und anderes, als die Summe der sichtbaren Rauch- und Aschewolken. Vielmehr geht es um das Magma und die Plattentektonik von Ereignissen – um ihre geopolitischen und vor allem auch ihre vielfältigen kulturellen Dimensionen. Zweck des Hartwell-Treffens war es dementsprechend, zu einer langfristigen Einschätzung aller Aspekte der Krise zu gelangen, in der 2009 die Welt-Klimapolitik unterging. Für viele von uns kam das Scheitern der Klimapolitik nicht überraschend: Wir hatten es schon seit einiger Zeit vorausgesagt. Andere Aspekte waren weniger vorhersehbar. Deshalb versuchten wir in den ersten Februartagen auszuloten, wie weit unser gemeinsames Verständnis für das reichte, was geschehen war und warum es geschehen war; vor allem aber wollten wir in der Diskussion und konkret in diesem Papier Empfehlungen für zukunftsorientierte, produktive Handlungsoptionen geben.

Die LSE ist dankbar für die finanzielle Unterstützung durch den Keidanren Nippon, Tokyo, die Nathan Cummings Foundation, New York, und die

Fondation Hoffmann, Genf, die dieses Treffen und dieses Projekt möglich machten. Besonderen Dank schulden wir Peter Teague, Program Officer der NCF, für seinen Rat und seine Hilfe. Das heißt selbstverständlich nicht, dass die Geldgeber die in dem Papier geäußerten Ansichten ganz oder teilweise teilen müssen. Als der Einberufende geht mein Dank an die Kollegen in der Reseach Project & Development Division und im Office of Development & Alumni Relations der LSE, die flexibel und effizient halfen, die Unterstützung für diese Arbeit einzuholen und zu verwalten.

Äußerst dankbar bin ich auch meiner Kollegin Johanna Möhring, Visiting Fellow im Mackinder Programme, und Dalibor Rohac, Weidenfeld Scholar an der University of Oxford, für ihre Unterstützung bei der Durchführung des Hartwell-Treffens. Michael Denton und die Beschäftigten am Hartwell House verdienen unseren Dank dafür, dass sie eine so friedliche Umgebung für uns und unser Treffen schufen und für den reibungslosen Ablauf aller Konferenzschaltungen sorgten, sodass wir auch unsere indischen und chinesischen Kollegen, die nicht persönlich anwesend sein konnten, in die Diskussionen einbeziehen konnten. Schließlich möchte ich allen beteiligten Autoren meinen Dank für ihr kollegiales und intensives Engagement aussprechen.

G. Prins
London School of Economics London
April 2010

# Kurzfassung

Die Klimapolitik, wie sie von vielen Regierungen der Welt im Sinne des Kyoto-Protokolls verstanden und praktiziert wurde, hat auch nach fünfzehn Jahren zu keinem spürbaren Rückgang der Treibhausgasemissionen geführt. Der Grund dafür sind die strukturellen Schwachstellen des UNFCCC/„Kyoto"-Modells, das zum Scheitern verurteilt war, weil es auf einem systematischen Missverständnis der Natur des Klimawandels als einer politischen Aufgabe der Jahre 1985 bis 2009 beruhte. Allerdings hat dieser immer noch dominante Ansatz wegen des erheblichen politischen Kapitals, das in ihn investiert wurde, eine enorme politische Eigendynamik entwickelt. Aber das UNFCCC/„Kyoto"-Modell der Klimapolitik kann ohnehin nicht beibehalten werden, denn es brach Ende 2009 zusammen. Das Hartwell-Papier beschreibt und reflektiert diesen Kontext; doch ist dies nicht sein einziger oder wichtigster Zweck.

Das Debakel von 2009 ist eine immense Chance für eine Klimapolitik, die sich endlich frei entfalten kann. Diese Chance zu erklären und auszubauen, ist die Hauptmotivation dieses Papiers und sein wichtigster Zweck. Dazu gehört unter anderem, einen Vorschlag zu verstehen und zu akzeptieren, der wachrütteln soll. Es ist mittlerweile offensichtlich, dass eine „Klimapolitik", die auf ein einziges Ziel ausgerichtet ist, die Emissionsreduktion, in dem alle anderen Ziele aufgehen sollen, nicht möglich ist. Doch die Entkarbonisierung der globalen Wirtschaft ist auch aus vielen anderen Gründen höchst erwünscht. Deshalb tritt dieses Paper für eine radikale Neuformulierung – ja, eine Umkehrung – des Ansatzes ein: zu akzeptieren, dass eine erfolgreiche Entkarbonisierung nur als ein Nebengewinn zu erreichen ist, der bei der Verfolgung anderer, politisch attraktiver und kompromisslos pragmatischer Ziele mit abfällt.

Das Papier schlägt daher vor, das Prinzip der Menschenwürde zum Leitgedanken unserer Bemühungen zu machen, und zwar vermittelt über die Verfolgung dreier übergreifender Ziele: gewährleisten, dass es Zugang zur Energie für alle gibt; gewährleisten, dass wir uns nicht auf eine Weise entwickeln, die wesentliche Funktionsabläufe des Erdsystems untergräbt; gewährleisten, dass unsere Gesellschaften gut gerüstet sind, um den Risiken und Gefahren zu begegnen, die mit den Wechselfällen des Klimas verbunden sind, was immer deren Ursache ist.

Es erklärt radikale und praktikable Wege zur Reduzierung der von Menschen verursachten, nicht-CO2-basierten Klimaveränderungen. Es vertritt die These, dass ein besserer, von der CO2-Politik abgekoppelter Umgang mit den Klimarisiken ein vollgültiges politisches Ziel ist. Es erklärt die politischen Voraussetzungen von Energiesparstrategien als einen ersten Schritt und zeigt auf, wie mit ihm reale Emissionsreduktionen zu erreichen sind. Vor allem aber betont es das Primat einer beschleunigten Entkarbonisierung der Energieversorgung. Dazu sind verstärkt Investitionen in die innovative Entwicklung von CO2-freien-Energiequellen erforderlich, um eine Diversifizierung der Energieversorgungstechnologien zu erreichen. Oberstes Ziel ist dabei die Entwicklung einer CO2-freien Energieversorgung, und zwar zu Kosten, die auch ohne Subventionen unter den Kosten einer auf fossilen Brennstoffen basierenden Energieversorgung liegen. Das Hartwell-Papier empfiehlt eine Finanzierung dieser Aufgabe über eine niedrige, zweckgebundene CO2-Steuer. Es eröffnet die Diskussion darüber, wie dieses Geld produktiv in die richtigen Kanäle gelenkt werden kann.

Eine Neuausrichtung der Klimaproblematik an der Menschenwürde ist nicht nur nobel oder notwendig. Sie dürfte auch wirkungsvoller sein als ein Ansatz bei den Umweltsünden der Menschen – der gescheitert ist und weiter scheitern wird.

Das Hartwell-Papier beherzigt den Rat, dass eine gute Krise nicht ungenutzt bleiben sollte.

*Aus dem Englischen übersetzt von Hella Beister*

# Teil I: Von „How to get climate policy back on course" zum „Hartwell-Papier"

Noch vor einem Jahr hätte kaum jemand vermutet, dass im Frühjahr 2010 von der Klimapolitik nur noch ein weithin sichtbarer Scherbenhaufen übrig sein würde. In den letzten Monaten des Jahres 2009 wurden zwei Wendepunkte überschritten, ein politischer und ein wissenschaftlicher. Die Narrative und Annahmen, von denen die Regierungen der wichtigsten OECD-Länder bis zu diesem Zeitpunkt ausgegangen waren, um eine internationale Klimapolitik aufzubauen und zu einer globalen Klimapolitik voranzutreiben, haben an Überzeugungskraft verloren. Der Kurs, der in der Klimapolitik über ein Jahrzehnt lang gesteuert wurde, kann nicht mehr gehalten werden – die Klimapolitik muss künftig neue Wege finden. Und damit eröffnet sich uns eine immense Chance für eine Klimapolitik, die sich endlich frei entfalten kann. Diese Chance zu erklären und auszubauen ist die Hauptmotivation dieses Papiers und sein wichtigster Zweck.

> Was Sie in diesem Essential finden können:
> - Ein Plädoyer für eine Neuausrichtung der Klimapolitik
> - Eine kritische Analyse der bisherigen Klimawandelperzeptionen
> - Eine radikale Neuformulierung anhand dreier, übergreifender Ziele
> - Eine radikale Abkehr vom klimapolitischen *Business-as-usual*
> - Einen CO2-Steuer-gebundenen Finanzierungsansatz

Der erste Wendepunkt wurde in der Diplomatie auf Regierungs- und internationaler Ebene überschritten, und zwar am 18. Dezember 2009, dem Tag, an dem die Klimakonferenz in Kopenhagen zu ihrem verwirrenden und verfahrenen Ende kam. Der Status ihrer Abschlusserklärung ist ebenso unklar wie die Bedeutung der mit ihr eingegangenen Verpflichtungen. Es gab nicht nur keine bindenden Vereinbarungen, sondern der Prozess als solcher, die multilaterale Diplomatie der großen, regelmäßig einberufenen Konferenzen, stand nun ebenso in Frage wie die bisherige führende Rolle Europas in der globalen Klimapolitik. Vor allem China, Indien, Brasilien und Südafrika ergriffen die Initiative und vertraten Meinungen, die von dem zuvor dominanten Konsens abwichen (Victor 2010). Yvo de Boer, der langjährige Vorsitzende der *United Nations Framework Convention on Climate Change* (UNFCCC, Klimarahmenkonvention der Vereinten Nationen), der den Prozess in den letzten Jahren von einem zunehmend ergebnislosen Treffen zum nächsten geführt hatte, hat mittlerweile seinen Rücktritt angekündigt und plant, in Zukunft in der Privatwirtschaft zu arbeiten.

Der zweite Wendepunkt betrifft die Wissenschaft vom Klimawandel selbst und wurde am 17. November 2009 überschritten. An diesem Tag verschickte die *Climatic Research Unit of the University of East Anglia* über 1.000 E-Mails, und seither erlebt die Gemeinde der Klimawissenschaftler einen immer rascheren Vertrauensschwund in der Öffentlichkeit.[1] Diese E-Mails, deren Echtheit unbestritten ist, legten den Schluss nahe, dass sich einige Wissenschaftler über die allgemein anerkannten Normen der Wissenschaft hinweggesetzt haben könnten, um ihren eigenen Meinungen mehr Geltung zu verschaffen und abweichende Meinungen anderer Wissenschaftler zu diskreditieren.[2] Nicht lange danach, und teilweise als Folge der damit im Raum stehenden Frage des Vertrauens, geriet auch der *Intergovernmental Panel on Climate Change* (IPCC, Zwischenstaatliche Sachverständigengruppe zum Klimawandel, auch "Weltklimarat"), den viele Regierungen ihren Untertanen oder Bürgern als untadeligen „Goldstandard" präsentiert hatten, an dem ihre Politik zu messen war, vermehrt (und anhaltend) in die Kritik. Der Grund waren Fehler und Nachlässigkeiten, von denen viele

---

1 Zu den Reaktionen der Öffentlichkeit im Einzelnen, siehe (Kellner 2010; Ipsos Mori-Umfrage 2010; Newport 2010) und Fußnote 11.
2 Die wichtigsten einschlägigen E-Mails werden wiedergegeben und kommentiert in (Montford, The 2010, S. 402–49). Dort werden die Themen sehr gut mit den ausführlich geschilderten wichtigsten Auseinandersetzungen in der Klimatologie und insbesondere der Paläoklimatologie verknüpft, die ein Großteil des Archivs der Climatic Research Unit ausmacht. Bislang wurde keiner der von den Gutachtern an dieser Arbeit vorgebrachten Kritikpunkte einer abschließenden sachlichen Überprüfung unterzogen, im Oxburgh Review (para. 9) wurden sie sogar explizit nicht behandelt;
Kritik an der Handhabung des Informationsrechts bei Anfragen, der Diskretierung von Peer-Review-Prozessen und des allgemein chaotischen Umgangs mit Klimadaten wird derzeit noch von dem von der Universität eingesetzten Muir-Russell-Untersuchungsausschuss geprüft; ein Abschlussbericht soll im Frühjahr 2010 vorliegen. Zu Kontext und Aufgabenstellung, siehe (Kinver 2010).

schon lange bekannt waren, aber im Vierten IPCC-Sachstandsbericht von 2007 explizit benannt worden waren. Universitäten, Regierungen und die Vereinten Nationen führen nun allesamt Untersuchungen durch und nehmen viele Aspekte der Klimawissenschaft und des Verhaltens von Klimawissenschaftlern und Wissenschaftsbürokraten unter die Lupe. Kurz, die Legitimität der Institutionen von Klimapolitik und Klimawissenschaft ist angeschlagen.

Fairerweise muss gesagt werden, dass Kopenhagen vor einer unlösbaren Aufgabe stand, denn in der Zeit nach dem Inkrafttreten des „Kyoto-Protokolls" im Jahre 1997 waren alle möglichen Fragen, die die Welt beunruhigen - Rückgang der Artenvielfalt, krass ungleiche Entwicklungsmuster, Abbau der Tropenwälder, Handelsbeschränkungen, Verletzungen der Rechte einheimischer Völker, Recht auf geistiges Eigentum -, in den unentwirrbaren Knoten, der „Politik des Klimawandels" heißt, mit eingeknüpft worden. Die Liste schien mit jedem Monat länger zu werden. Kopenhagen hat uns die Grenzen dessen gezeigt, was eine zentralisierende und ausufernde Multilateralität beim Klimawandel ausrichten kann. Der Klimawandel – und erst recht die von uns gewählte und konstruierte Version von Klimawandel – kann nicht mit einem einzigen, dominanten, kohärenten und durchsetzbaren Gebilde namens „Klimapolitik" angegangen werden (O'Riordan et al. 1998).

Im Juli 2009 erarbeitete eine Gruppe von Wissenschaftlern aus Institutionen in Asien, Europa und Nordamerika, darunter einige der an diesem Papier beteiligten Autoren, ein Papier mit dem Titel „How to get climate policy back on course". Darin erklärten sie, warum der „Erdgipfel" von Rio 1992 ein Fehlschlag war und auch nur sein konnte, und empfahlen einen alternativen Ansatz, der sich auf direkte Schritte zur Beschleunigung der Entkarbonisierung der globalen Wirtschaft konzentrierte (Prins et al. 2009). Das Juli-Papier verwies außerdem auf eine folgenschwere Schwachstelle in den dominanten Grundannahmen der Klimapolitik:

> Das ... Problem ist ein epistemologisches. Hochkomplexe offene Systeme mit vielen noch kaum erforschten Rückkoppelungseffekten, und das globale Klima ist ein klassisches Beispiel für ein solches System, zeichnen sich dadurch aus, dass es keine selbsterklärenden Indikatoren gibt, die den Politikern sagen, wann sich genug Wissen angesammelt hat, um Handeln sinnvoll erscheinen zu lassen. Auch spricht vieles dafür, dass das Wissen, über das ein Politiker verfügt – verteilt, fragmentiert, nichtöffentlich; und sicher weder kohärent noch umfangreich genug – niemals von der Art sein kann, die ihm genaue „Top-down"-Vorgaben erlaubt. Daher die Häufigkeit

von Fehlschlägen und unbeabsichtigten Folgen (Prins et al. 2009, S. 5-6; Scott 1998).³

Ohne eine grundsätzliche Neuformulierung der Problematik wird es keine neuen Mandate für neue – selbst gute – Handlungsoptionen geben. Also muss für eine Neuausrichtung der Klimapolitik und die Wiederherstellung des Vertrauens der Öffentlichkeit in die Expertenorganisationen der Deutungsrahmen verändert werden, und zwar radikal.

Die Autoren dieses Papiers sind eine eklektische Gruppe von Akademikern, Analysten und Vertretern der Energiepolitik ohne gemeinsame politische oder berufliche Angliederung. Wir sind Bürger einer kleinen Zahl von OECD-Ländern – Großbritannien, USA, Deutschland, Japan, Finnland, Kanada – und arbeiten jeweils in heterogenen wissenschaftlichen, industriellen und politischen Netzwerken. Uns verbindet die Sorge, das derzeitige Verständnis von Klimawandel und Klimapolitik könnte uns Scheuklappen angelegt haben. Das frühere „Kyoto"-Modell hat unseren Freiraum für ein ernsthaftes und realistisches Nachdenken über Energie- und Umweltpolitik gefährlich verengt. Wir möchten zu einem neuen Pragmatismus im politischen Diskurs über den Klimawandel beitragen. Zu diesem Zweck sind wir im Februar 2010 im Hartwell House in Buckinghamshire zusammengekommen, und dieses Papier ist die Frucht unserer Arbeit.⁴

Wir beginnen mit einer Bemerkung zu dem, was einmal kontrovers war, aber inzwischen wohl nicht mehr zu leugnen ist: Wenn es Fortschritte in der Klimapolitik geben soll, muss die ganze Problematik, und nicht nur die eine oder andere Verfahrensfrage, von Grund auf neu formuliert werden. Wir müssen einen anderen, umfassenden klimapolitischen Ansatz beschreiben. Dazu wird das Papier folgendermaßen verfahren:

In Teil II(1) aktualisieren und formulieren wir zunächst unsere Ziele. In II(2) stellen wir dann kurz dar, wie die „Klimapolitik" von 1985 bis 2009 ver-

---

3 Dieser Punkt wurde lange maßgeblich von unterschiedlichen philosophischen Standpunkten aus diskutiert und von den politisch Verantwortlichen ebenso maßgeblich ignoriert (vgl. Hayek 1960, S.27; Berlin 1978, S. 46-48).
4 Hartwell House gibt einen ganz besonderen Hallraum für unsere Arbeit ab, denn es war nicht das erste Mal, dass dort grundsätzlich über das Klima diskutiert wurde. Am 3. April 1850 rief Mr Lee, der Besitzer, zehn Gentlemen zu einem Treffen in seiner Bibliothek zusammen, darunter der künftige Gründungspräsident, Samuel Whitbread, die beschlossen, eine Gesellschaft zu gründen, aus der die British (später: Royal) Meteorological Society hervorging.

standen wurde. Nach einer anfänglich engen Orientierung an den Hypothesen zu Erderwärmung und Klimawandel, wie sie sich den Politikern in den 1980er Jahren darstellten, begann die Politik um diese Fragen herum auszuwuchern und Arbeiten ganz unterschiedlicher Art anzustoßen – für Ökonomen, Theologen, Aktivisten und Politiker aller Couleur und klimapolitischen Standpunkte (Hansen et al. 1981; Hulme 2009). Teil II(3) erklärt, warum es keinen Sinn hat zu hoffen, die Wissenschaft könne uns sagen, was wir tun sollen. Stattdessen bieten wir eine unspektakuläre und praktische Art und Weise an, über Wissenschaft im Zusammenhang mit Erdsystemen nachzudenken. Dabei sind wir bemüht, unsere Strategievorschläge an den drei Dimensionen dieser radikalen Neuformulierung festzumachen.

In Teil III, dem Schlussteil des Papiers, werden die unserer Meinung nach entscheidenden Antriebe für die Politik ab 2010 neu überdacht und im Einzelnen dargelegt. Wir sind uns der ungeheuren Komplexität der untersuchten Systeme, deren besondere Natur wir in Teil II(3) erklären, voll bewusst. Die von uns vorgeschlagenen Strategien und Handlungsoptionen sind grundsätzlich an diesem Verständnis von Komplexität orientiert. Die praktischen Handlungsempfehlungen in Teil III beginnen daher mit relativ unmittelbaren und ohne weiteres produktiven Maßnahmen und gehen dann zu immer komplizierteren und längerfristigen über. Das Problem der Anpassung wird ebenfalls angesprochen, aber nicht weiter ausgeführt.

Bis heute hat sich die Klimapolitik in erster Linie auf Kohlendioxyd konzentriert, was soweit ging, dass andere menschliche Einflüsse auf das Klimasystem ausgeklammert wurden. Wir meinen, dass dies unklug war, auch wenn der Ansatz rückblickend wegen seiner politischen Zugkraft verständlich erscheint (Pielke Jr 2010). Es gibt unserer Ansicht nach ermutigende Belege dafür, dass eine frühzeitige Einwirkung auf ein breiteres Spektrum von menschlichen Einflüssen auf das Klima rascher zu produktiven Ergebnissen führen könnte. In Teil III(4) prüfen wir diese Belege und Argumente. In Teil III(5.1) untersuchen wir zunächst die Argumente für Energiesparen als Mittel zur beschleunigten Entkarbonisierung der globalen Wirtschaft. Energiesparen lohnt sich aus vielen Gründen, ist aber für die Emissionsreduktion von meist kurzfristigem Nutzen und hat angesichts der derzeitigen globalen Wachstumsrate nur ein begrenztes Potenzial. Aber Einsparungen haben politische Zugkraft, denn sie vermitteln ein Gefühl von Nutzen und Fortschritt; und ohne Zugkraft passiert gar nichts, und wir bewegen uns nur weiter im Leerlauf. Daher folgen sie gleich danach. Mit einer

Fallstudie des am besten dokumentierten Beispiels zeigen wir, was mit optimaler Vorgehensweise erreicht werden kann. Der dritte Schritt im Hinblick auf die beschleunigte Entkarbonisierung der globalen Wirtschaft ist der am wenigsten entbehrliche, aber auch der mühsamste. Deshalb führen wir im zweiten Teil von Teil III(5.2) das aus, was wir in unserem vorigen Papier den „Kaya Direct"-Ansatz zur beschleunigten Entkarbonisierung genannt haben. Damit wollen wir nicht etwa ein neues großartiges und umfassendes Steuerungssystem als Ersatz für das gescheiterte System empfehlen. Uns ist bewusst, dass in einer komplexen Welt die Lösungen, die wir vorschlagen, durchaus nicht praktisch perfekt, sondern eher schwerfällig sind: Dies entspricht unserer Absicht, und wir beziehen dieses Bewusstsein in unseren Ansatz mit ein (Verweij und Thompson 2006).

Schließlich ist da die Frage des Geldes. Unsere Vorschläge in Teil III(6), wie durch Innovation eine beschleunigte Entkarbonisierung zu erreichen wäre, erfordern zusätzliches Geld, das von irgendwo und irgendwem kommen muss. Wir sind uns mit anderen darin einig, dass die gewaltigen Anstrengungen, die in die Entwicklung von komplexen „Top-down"-Regelungssystemen gesteckt wurden, und insbesondere der Anspruch, mit regionalen – wenn nicht gar globalen – „Cap & Trade"-Systemen eine $CO_2$-Regulierung über den Preis zu erreichen, sich inzwischen als unfruchtbar im Sinne ihrer Zielformulierungen erwiesen haben, wenn sie auch für manche auf unerwartete und unerwünschte Weise profitabel waren (vgl. Helm 2009a; Helm 2009b).

Wird eine langfristige Wirkung angestrebt, ist der direkte Weg vielleicht nicht immer der beste. „Das Objekt aus dem Auge verlieren und sich ihm indirekt nähern", ist ein Motto, das Lancelot „Capability" Brown zugeschrieben wird, dem berühmten englischen Landschaftsgärtner des 18. Jahrhunderts.[5] Browns Anlagen setzten das herrschaftliche Anwesen am Eingang durchaus in Szene, aber nur kurz. Der Besucher bekam sein Ziel einen Augenblick lang zu sehen, ehe die Zufahrt vom geraden Weg abwich, um ihn auf erfreulichen Um-

---

5   "Capability" Brown (1716–83) hat keine Abhandlungen hinterlassen: nur Landschaften. Aber seinem Sinn nach war sein Motto in den Schriften über Landschaft und guten Geschmack gängige Münze. Alexander Pope (1731) schrieb in Epistle IV to the Earl of Burlington: "Let not each beauty ev'rywhere be spied/When half the skill is decently to hide./He gains all points, who pleasingly confounds,/ Surprises, varies, and conceals the bounds." Am klarsten wurde das Grundprinzip, das Brown in seinen Entwürfen umsetzte, jedoch von Shenstone (1764) formuliert: "Wenn man ein Gebäude oder ein anderes Objekt einmal von der ihm gemäßen Stelle aus erblickt hat, sollte der Fuß niemals auf demselben Weg dorthin gelangen, den zuvor das Auge gegangen ist. Lass vom Objekt ab und nähere dich ihm indirekt".

wegen, vorbei an Ausblicken auf Waldlandschaften, durch ausgedehnte Wiesen mit sorgfältig inszenierten Aperçus von Wasserfällen und Tempeln und über imposante Brücken über aufgestauten Flüssen und Seen schließlich entspannt und erfreut unerwartet direkt vor dem Haus abzusetzen. Darin offenbart sich ein subtiles Können mit offenkundigem politischen Wert: die Fähigkeit, ein ehrgeiziges Ziel harmonisch umzusetzen. „Capability" Brown könnte für die Gestalter der Klimapolitik ein nützlicher Lehrer sein (Prins und Rayner 2007, S. 38). Sein Rat wäre, das Ziel der Emissionsreduktion vermittelt anzusteuern, über andere Ziele, und sich dabei auf eine jeweils andere Klientel zu stützen und andere Gewinne einzustreichen.

In diesem ganzen Papier gilt unser kritischer Blick der Art und Weise, wie das $CO_2$-Problem mit dem Gepäck anderer Deutungsrahmen und Agenden überfrachtet wurde. Der indirekte Zugang, den wir empfehlen, mag auf den ersten Blick auch nicht anders aussehen, weil auch er viele verschiedene Deutungsrahmen und Agenden übernimmt. Aber das wäre eine Täuschung. Zur Zeit werden alle diese Deutungsrahmen und Agenden mobilisiert, um im Sinne des UNFCCC/„Kyoto"-Prozesses dem einen zentralen Ziel der Entkarbonisierung des Energiesystem näher zu kommen. Wir setzen genau umgekehrt an: Wir verfolgen ein Vielzahl von Deutungsrahmen und Agenden um ihrer selbst willen, nach ihrer eigenen Logik und auf den ihnen gemäßen Wegen. Entkarbonisierung ist nicht der alles andere einschließende Nutzen, sondern ein Nutzen, der bei anderen Zielen mit abfällt. Das ist ein radikaler Unterschied, ja, eine Umkehrung.

Unserer Meinung nach lehrt uns die Erfahrung des jüngst gescheiterten klimapolitischen Frontalangriffs – die wenig überzeugende gerade Fahrt von der Gegenwart in eine wundersamerweise entkarbonisierte Zukunft -, dass eine eher indirekte und dennoch übergreifende Herangehensweise über verschiedene direkte Ziele, die einen indirekten Nebennutzen abwerfen, tatsächlich die einzige ist, die materiell (im Gegensatz zu rhetorisch) erfolgreich sein dürfte. Wie bereits in „How to get climate policy back on course" gezeigt, gibt es keine Belege dafür, dass die Herangehensweise nach „Kyoto"-Art, auch wenn sie viele Jahre lang die dominante Politik war und mit erheblichen Investitionen von Zeit, Mühe und Geld betrieben wurde, eine erkennbare Entkarbonisierung bewirkt hätte: an keiner Stelle; in keiner Region (vgl. Prins et al. 2009, Abb. 1, S.5).

Deshalb sollte sich unserer Ansicht nach unsere Arbeit an einem Mehr an Menschwürde orientieren und dieses Ziel anhand dreier neu formulierter Primärziele verfolgen:

1) gewährleisten, dass die Grundbedürfnisse und insbesondere der Energiebedarf der wachsenden Weltbevölkerung angemessen befriedigt werden, wobei „angemessen" heißt, dass Energie zugleich zugänglich, sicher und kostengünstig ist.

2) gewährleisten, dass wir uns auf eine Weise entwickeln, die die entscheidende Funktionstüchtigkeit des Erdsystems nicht untergräbt, eine Sorge, die sich in den letzten Jahren meist auf die Konzentration von Kohlendioxid ($CO_2$) in der Atmosphäre richtete, aber natürlich nicht auf diesen Faktor beschränkt ist;

3) gewährleisten, dass unsere Gesellschaften gut gerüstet sind, um den Risiken und Gefahren zu begegnen, die von den Wechselfällen des Klimas ausgehen, was immer ihre Ursache ist.

Diese drei Primärziele sind mit dem Ziel der Emissionsreduktion auf eine Weise verknüpft, die ganz im Zeichen von „Capability" Browns Motto steht.

## Teil II: Radikale Neuformulierung

Als Fürst Metternich, ein Österreicher, vom Tod des bis dahin unangreifbaren französischen Diplomaten Talleyrand erfuhr, soll er misstrauisch gesagt haben: „Ich frage mich, was er damit meinte."

Apokryph oder nicht, die Anekdote stellt im Grunde nur die Frage, die an jedes diplomatische Handeln zu stellen wäre. Sie ist richtig, weil sie uns zwingt, eine Aussage oder eine Strategie auf ihre verborgenen Motive zu überprüfen oder, in der Sprache der sozialen Theorie, ihren Deutungsrahmen zu ermitteln und zu definieren. Je stärker besetzt das Problem ist, desto mehr unterschiedliche Deutungsrahmen dürfte es geben, oder desto mehr verborgene Agenden hinter einem einzigen Deutungsrahmen. Bezogen auf den Klimawandel hat einer der Koautoren dieses Papiers bereits vor über einem Jahrzehnt auf diesen wesentlichen Punkt aufmerksam gemacht (Thompson und Rayner 1998), und Mike Hulme (2009) hat sich erst kürzlich ausführlich mit den vielen verschiedenen Deutungsrahmen der Klimadiskussion beschäftigt.

Wie könnte eine alternative Strategie zur Erreichung dieser drei Primärziele in der Praxis aussehen? Sie sollte *politisch attraktiv* sein, es uns also erlauben, mit einer Reihe von kleinen Schritten rasch zu vorzeigbaren Ergebnissen zu kommen, und uns auf diese Weise helfen, in unseren Anstrengungen nicht nachzulassen. Sie sollte *politisch inkludierend* sein, also von ihrer ganzen Anlage her pluralistisch. Und sie sollte *kompromisslos pragmatisch* sein, also in erster Linie auf einen Fortschritt ausgerichtet, der kurzfristig wie langfristig messbar ist. Mit der Formulierung dieser Ziele machen wir uns einen Deutungsrahmen zu eigen, der die Bedeutung, die der Gedanke eines vom Menschen verursachten Klimawandels für die Welt - und damit für die praktische Politik – des beginnenden 21. Jahrhunderts hat, radikal anders fasst.

Der erste Schritt ist, *anzuerkennen, dass Energiepolitik und Klimapolitik nicht dasselbe sind*. Zwar hängen sie eng zusammen, doch lassen sie sich nicht ohne weiteres aufeinander reduzieren. Energiepolitik sollte sich auf die Gewährleistung einer zuverlässigen, nachhaltigen und kostengünstigen Energieversorgung konzentrieren und sich im Sinne der Menschenwürde direkt um den Entwicklungsbedarf der ärmsten Menschen der Welt kümmern, insbesondere um ihren gegenwärtigen Mangel an umweltverträglicher, zuverlässiger und bezahlbarer Energie. Derzeit sind mehr als 1,5 Milliarden Menschen ohne Zugang zur Elektrizität, und ein wichtiger Grund dafür ist, dass Energie einfach zu viel kostet. Wäre Energie umsonst, wäre eine Versorgung natürlich einfach. Aber selbst wenn ein solcher Zugang auf Grundlage von fossilen Brennstoffen gewährleistet werden könnte – was plausibel, aber auch fragwürdig ist -, *sollte* die Deckung dieses Bedarfs an Zugang zur Energie aus Kosten- wie aus Sicherheitsgründen nicht dadurch gedeckt werden, dass man sich langfristig ausschließlich von fossilen Brennstoffen abhängig macht (Pielke Jr 2010).[6]

Die Versorgung der Welt mit riesigen Mengen von neuer Energie, um die zu erwartende wachsende Nachfrage zu befriedigen und gleichzeitig den Zugang zur Energie für die Menschen, die derzeit keinen haben, energisch voranzutreiben, setzt daher eine Diversifizierung des Angebots voraus. Diversifizierung über fossile Brennstoffe hinaus ist notwendig gleichbedeutend mit beschleunigter Entkarbonisierung. Eine solche Diversifizierung sollte daher einer der wichtigsten Anreize zur Entkarbonisierung der künftigen Energieversorgung sein.

Sodann müssen wir die politischen Deutungsrahmen und Maßnahmen für den Umgang mit kurzfristigen klimaverändernden Faktoren von denen für langfristige Faktoren trennen. Es gibt keinen offensichtlichen logischen Grund dafür, politische Maßnahmen zum Beispiel zur Reduzierung des Methangasausstoßes mit Maßnahmen zur Reduzierung von Halogenkohlenwasserstoffen zu verknüpfen. Die physikalischen Eigenschaften, die Quellen und die politischen Ansatzpunkte kurzlebiger klimaverändernder Faktoren – Ruß, Aerosole, Methangas und troposphärisches Ozon – unterscheiden sich erheblich von denen langlebiger Faktoren – Kohlendioxyd, Halogenkohlenwasserstoffe, Lachgas. In Teil III, in dem wir unsere Prioritäten für das politische Handeln darlegen, vertreten wir daher die Meinung, dass die frühzeitige Einwirkung auf nicht-$CO_2$-basierte

---

6 Insofern dürfte klar sein, dass wir die Diskussionen über „globale Öl-/Gas-/sonstige -Fördermaxima" („peak oil" usw.) für keinen weiterführenden Deutungsrahmen halten und ihn auch nicht anwenden. Diese Diskussionen werden oft im höchsten Dringlichkeits- und Katastrophenton geführt und sind dem Deutungsrahmen der "Grenzen des Wachstums" vom Anfang der 1970er Jahre verpflichtet, der an Glaubwürdigkeit verlor, als die vorhergesagten Zeitpunkte für verschiedene dieser „Maxima" ohne Katastrophen verstrichen waren, weil die Menschen sich etwas hatten einfallen lassen und/oder weil sich die Umstände unvorhergesehen verändert hatten (vgl. Eastin et al. 2010).

Klimatreiber Teil einer radikal anderen und radikal realistischen Reaktion auf unsere Ziele sein sollte. Und drittens müssen wir, da der UNFCCC-Prozess diese Funktion nicht erfüllt hat, ein Umdenken anregen, das die Gesellschaften in die Lage versetzt, mit Klimarisiken besser umzugehen. Alle Gesellschaften sind in gewissem Maße schlecht an das Klima angepasst. Mit anderen Worten, Klimaextreme und Klimaschwankungen erlegen allen Gesellschaften Kosten auf (und erbringen natürlich auch Gewinne). Daher ist es wichtig, im Hinblick auf die vom Klima verursachten, aber vermeidbaren Kosten und Schäden Technologien, Institutionen und Umgangspraktiken zu entwickeln, und noch wichtiger, diese Anpassungsfähigkeit aufzubauen, während sich beide, das Klima wie die Gesellschaft, ändern – und damit auch die Risiken. Diese Initiativen und die Ausbreitung von Beispielen guter Anpassungsformen sind sinnvoll, ganz gleich, welche Meinung man dazu hat, wie stark sich Klimarisiken durch menschliches Handeln verändern lassen oder wie rasch sie sich selbst verändern. Anpassungsstrategien sollten von Entkarbonisierungsstrategien abgekoppelt werden.

Diese drei strategischen Ziele müssen – ja, dürfen – nicht zu einem einzigen, unmöglich zu bewältigenden Strategienpaket zusammengeschnürt werden, bei dem man schließlich nicht mehr weiß, welche Mittel welchen Zwecken dienen. Sobald die Zusammenhänge zwischen Zwecken und Mitteln nicht mehr zu erkennen sind, werden Strategiedebatten allzu leicht von Debatten überlagert, die von den eigentlichen Zielen ablenken, etwa vom Streit darüber, ob das Ziel der Vermeidung einer Erderwärmung von zwei Grad – oder jedes beliebige vergleichbare Ziel – wissenschaftlich fundiert ist oder nicht. Auch in dieser Hinsicht war die Diskussion in Kopenhagen aufschlussreich, die bei vielen NGOs und Ländern der „Südhalbkugel" angesichts windiger Rhetorik über die Notlage des Planeten zu schierer Wut ausartete. Als die großen reichen Staaten sich weigerten, dem immer wieder geforderten Geldtransfer zuzustimmen, zeigte sich, wie unterschiedlich die Interessen und Agenden waren, die sich hinter dem utopischen Gerede von globalen und universalen Lösungen verbargen.

# 1 Unsere drei übergreifenden Ziele

## 1.1 Gewährleisten, dass es Zugang zur Energie für alle gibt

In seinem demnächst erscheinenden Buch *The Climate Fix* argumentiert Roger In seinem demnächst erscheinenden Buch *The Climate Fix* argumentiert Roger Pielke Jr, eine Festlegung auf die Erfüllung aller drei energiepolitischen Ziele – Zugang für alle, gesicherte Bereitstellung und niedrige Kosten – erfordere notwendigerweise die Diversifizierung der Energiequellen über fossile Brennstoffe hinaus. Diversifizierung wiederum bedeutet notwendigerweise beschleunigte Entkarbonisierung. Die Aussichten auf Diversifizierung verbessern sich deutlich, wenn kostengünstigere Alternativen zu fossilen Brennstoffen entwickelt werden können. Dies empfiehlt Google in seiner RE<C-Initiative[7] („renewable energy at a cost less than coal" – „erneuerbare Energien, die billiger sind als Kohle"), und auch Bill Gates hat kürzlich zu umfangreichen Investitionen in die Forschung und Entwicklung einer unter dem Preis für Kohle bleibenden, $CO_2$-armen Stromerzeugung einschließlich Atomenergie aufgerufen (Sutter 2010). In dieses Ziel müssen die Staaten ebenso viel Zeit und Geld investieren wie sonst in das Gesundheitssystem oder die nationale Sicherheit.

Die Notwendigkeit einer Diversifizierung der Energieversorgung lässt sich vielleicht am besten am Beispiel der Gewährleistung des Zugangs zur Energie erklären. Aktuellen Schätzungen zufolge haben weltweit rund 1,5 Milliarden Menschen keinen Zugang zur Elektrizität. Viele Szenarien für die „erfolgreiche" Umsetzung von Minderungsstrategien (Mitigation) lassen eine unserer Meinung nach inakzeptable Zahl von Menschen buchstäblich im Dunkeln sitzen. Das *450 Policy Scenario* der *International Energy Agency* (IEA, Internationale Energie Agentur) von 2009 sieht eine Stabilisierung des globalen CO2-Ausstoßes bis 2030 bei 450 ppm vor; doch bleiben dabei weltweit 1,3 Milliarden Menschen nach wie vor ohne Zugang zur Elektrizität. Für energiearme Länder mit großen Bevölkerungen ergibt sich aus solchen Szenarien unweigerlich das Bild von den reichen Ländern, denen die Emissionsreduktion wichtiger ist als die ökonomische Entwicklung im Rest der Welt. Indien zum Beispiel hat schon lange klar gemacht, dass es keine klimabezogene Strategie attraktiv finden wird, die nicht

---

7  www.google.org/rec.html

auch grundsätzliche Probleme der Ungleichheit angeht (Agarwal und Narain 1991; Rajamani 2007). Wir meinen, über eine Milliarde Menschen, die 2030 immer noch ohne Zugang zur Elektrizität sind, bedeutet, dass die entsprechende Strategie nichts taugt. Wenn der Energiezugang auf die Mehrheit derer ausgeweitet werden soll, die ihn heute nicht haben, und zugleich das erwartete Wachstum des Energiebedarfs im Rest der Welt aufgefangen werden soll, müssen die Energiekosten notwendig sinken. Bei hochwertigen fossilen Brennstoffen ist die Marktlage bereits heute angespannt. Sollte der – nur allzu wahrscheinliche - Versuch gemacht werden, diese neue Nachfrage erst einmal mit fossilen Brennstoffen zu befriedigen, dürfte also eher das Gegenteil eintreten: Die Kosten würden steigen. Alternativen zu fossilen Brennstoffen müssen daher billiger werden. Und dazu ist Innovation nötig (vgl. Subramanian 2009).

## 1.2 Gewährleisten, dass es stabile, vor Klimatreibern aller Art geschützte Umwelten gibt

Die meisten existierenden Klimastrategien gehen von der Vorstellung aus, dass klimapolitische Maßnahmen vor allem dazu dienen sollen, die schädlichen Einwirkungen der Menschen auf das Klima zu reduzieren, und dass dabei der eine oder andere Nebenertrag abfällt, der jedoch sekundär ist – wünschenswert, aber kein zentrales Anliegen. Wir halten uns an „Capability" Browns Rat und meinen, dass diese Logik umgekehrt und auf kurzfristige, konkrete, politisch attraktive Erträge für kurzfristige Investitionen ausgerichtet werden muss. In dieser Hinsicht ist die wichtigste Begründung für die im Folgenden formulierten strategischen Ziele die Verbesserung der Lebensqualität der Menschen – durch die Gewährleistung eines kollektiven Nutzens in entwickelten wie in Entwicklungsländern und durch den schonenden Umgang mit dem vielfältigen Naturgut der Tropenwälder. Dass jedes dieser strategischen Ziele Nebenerträge für die Reduktion des Ausmaßes der von Menschen verursachten Einwirkungen auf das Klimasystem hat, sollte als ein wünschenswerter, aber nicht entscheidender Nebenertrag angesehen werden.

## Rußemissionen beseitigen[8]

Ruß gefährdet die Volksgesundheit. Jedes Jahr sterben rund 1,8 Millionen Menschen an Ruß aus Bränden in geschlossenen Räumen. Ruß trägt außerdem regional und global zur Erderwärmung bei und macht 5% bis 10% aller menschlichen Eingriffe in das Klimasystem aus, mit Folgen vor allem für das Schmelzen des arktischen Eises. Nach konservativen Schätzungen verursacht eine Tonne Ruß über eine Zeitspanne von 100 Jahren das 600-fache der von einer Tonne Kohlendioxid verursachten Erwärmung. Rußemissionen können durch gezielte und strikt durchgesetzte Regulierung fast ganz beseitigt werden (Bond und Sun 2005; Reynolds und Kandlikar 2008). Dies hätte relativ rasche Rückwirkungen auf die Umwelt und immense positive Folgen für die Volksgesundheit und vor allem für die Gesundheit der ärmsten Menschen in den Entwicklungsländern. In Teil III werden wir auf diesen Ansatz näher eingehen.

## Troposphärisches Ozon reduzieren

Die schlechte Luftqualität im Umfeld von Städten wird durch Emissionen von Kohlenmonoxid, Stickoxid, Methan und anderen flüchtigen organischen Verbindungen verschärft. In der Troposphäre reagieren diese Gase und bilden Ozon, das für Menschen und Pflanzen einschließlich der Nutzpflanzen schädlich ist. Der jährlich durch dieses Ozon bei Nutzpflanzen verursachte Schaden wird auf 14 bis 26 Milliarden US-Dollar beziffert. Troposphärisches Ozon trägt 5% bis 10% zu den von Menschen verursachten Klimaschäden bei. Durch eine rigorose Umsetzung von Luftverschmutzungsrichtlinien und die Entwicklung von effizienteren städtischen Verkehrssystemen könnte der Ausstoß dieser Ozon-Vorläufergase mehr als halbiert werden. Die Gesundheit der Menschen in entwickelten wie in Entwicklungsländern würde verbessert. Die Reduzierung der schädlichen Einwirkungen der Menschen auf das Klima ergäbe sich dabei als Nebeneffekt (IPCC 2007, Abb. 2.22, S. 206).

---

8   Zu Diskussionen, wie und warum das möglich ist: (Grieshop et al. 2010, S. 533–534).

## Den Schutz der Tropenwälder wirksam verbessern[9]

Tropenwälder sind ein entscheidendes Gut für die Zukunft der Menschheit nicht nur als $CO_2$-Speicher, sondern auch durch ihren Beitrag zur Erhaltung der Artenvielfalt, ihre Holz- und Nicht-Holz-Produkte und ihre allgemeineren Funktionen als Lebensgrundlage der dort heimischen Völker. Der Umgang mit den Tropenwäldern sollte nicht über eine einzige, alles umfassende Klimakonvention geregelt werden, wo er sich in den Komplexitäten der Reduktion des industriellen Kohlendioxidausstoßes zu verfangen droht, sondern so gestaltet werden, dass er dem Gesamtwert dieser Ökosysteme Rechnung trägt. Probleme der Entwaldung sollten von der *Framework Convention on Climate Change* (FCCC, Klimarahmenkonvention der Vereinten Nationen) abgekoppelt werden.

### 1.3 Gewährleisten, dass die Gesellschaften mit dem Klimarisiko leben und umgehen können („Anpassung")

Die Geschichte der Menschheit könnte als die Geschichte ihrer Emanzipation von natürlicher Variabilität und natürlichem Wandel geschrieben werden. Heute leben in allen Klimazonen der Erde signifikante Populationen von Menschen. Technologische Innovationen (z.B. Klimaanlagen, Gebäudekonzepte, Nutzpflanzenvarianten) und kulturelle Innovationen (z.B. Muster der Sozialkontakte, Ernährung), die sich mal schneller, mal langsamer entwickelt haben, stehen für ihre Fähigkeiten zur Anpassung an eine große Bandbreite von Klimaverhältnissen. Der kulturelle Wandel hat größere Teile der Welt für Menschen bewohnbar gemacht.

Anpassung verdankt jedoch ihre Wirksamkeit im Laufe der menschlichen Geschichte der relativen Stabilität der klimatischen Verhältnisse, die meist, wenn auch nicht immer, nur innerhalb bestimmter, erwartbarer Grenzen variabel waren. In geschichtlichen Zeiten wurde die Fähigkeit von europäischen Gesellschaften, mit extremen Klimaverhältnissen zu leben, durch starke Abweichungen von den erfahrenen Klimanormen, etwa die bitter kalten Winter des sechzehnten bis achtzehnten Jahrhunderts, auf eine harte Probe gestellt; davon zeugen zum Beispiel Breughels Gemälde der Wintervergnügen. Die Bandbreite der modernen

---

9 Zu Diskussionen darüber, wie über den Forschungs-, Entwicklungs- usw. -mechanismus hinauszukommen wäre: (Venter et al. 2009, S. 1368; Persson und Azar 2010, S. 210–215)

Klimaverhältnisse ist für die Anpassung Verheißung und Herausforderung zugleich. Doch in der Geschichte der klimapolitischen Regelungen bleibt die Anpassung der verlachte arme Vetter der Emissionsreduktion (Gore 2007; von Storch 2009). Anpassung zielt auf die Vermeidung von Verlusten (und die Nutzung von Chancen). Sie ist daher eine aktive Reaktion auf einmal erkannte Risiken (Luhmann [1993] 2005).

Anpassung und Minderung sind keine fragwürdigen Kompromisse, sondern komplementäre Strategien. Die Kategorie der Risiken, die mit Anpassung am besten zu bewältigen sind, ist mit Sicherheit viel umfangreicher, als der „Kyoto"-Ansatz wahrhaben will, der die Anpassung (fälschlich) als den Preis für eine gescheiterte Minderung und also als etwas dargestellt hat, was zu vermeiden ist. Da der „Kyoto"-Weg in Kopenhagen effektiv an sein Ende gekommen ist, ist es nun an der Zeit, die Anpassungsstrategien sehr viel energischer voranzutreiben. Anpassung ist vor allem eine Entwicklungsaufgabe. Wie die Minderung muss auch sie auf vielerlei Wegen und Ebenen verfolgt werden, wie an anderer Stelle im Einzelnen dargelegt wurde. In diesem Papier konzentrieren wir uns allerdings auf Empfehlungen zu Energie und Entkarbonisierung. Dies ist als Indikator nicht für eine geringere Priorität, sondern für eine Ökonomie der Kräfte zu interpretieren; tatsächlich haben mehrere der an diesem Papier beteiligten Autoren schon lange besondere Anstrengungen darauf verwendet, Anpassungsstrategien zu propagieren, und werden dies auch weiter tun. Daher wird für sie an anderer Stelle ausführlicher geworben (Rayner und Malone 1998, S. 109–38; Parry et al. 1998, S. 741; Sarewitz und Pielke Jr 2000, S. 55–64; Pielke Jr et al. 2007, S. 597–598).

## 2 Wie der Klimawandel von 1985 bis 2009 systematisch missverstanden wurde, und welche Konsequenzen daraus zu ziehen sind

Der „Kyoto"-Ansatz wurde mit Hilfe rascher Anleihen bei der Praxis der Vergangenheit zusammengebaut, während Ozon, Schwefeldioxidemissionen und Atombomben anderen Vertragsformen überlassen blieben. Es ist auch durchaus verständlich, dass die stark unter Druck stehenden Regierungsvertreter des Erdgipfels in Rio 1992 nach Beispielen für Abkommen suchten, die funktioniert hatten – das Montreal-Protokoll, das START-Abkommen, die US-internen Regelungen zur Reduktion der Schwefeldioxidemissionen -, um daraus auf Geheiß ihrer politischen Herren das Gerüst für den radikal neuen Versuch einer Klimaregulierung zusammenzuzimmern. Auch war das für sie nichts Neues: Schrittweise Anleihen bei vergangenen Erfolgen sind unter solchen Umständen das tägliche Brot der Diplomaten.

Die Aufgabe wurde auf das zugeschnitten, was Nordhaus und Shellenberger (2007, S. 105-129) das „Verschmutzungsparadigma" nennen. Aber in diesem Falle waren die Anleihen strukturell wenig stichhaltig (Prins und Rayner 2007, S. 13-21). Sie sind zwar oberflächlich plausibel, aber nicht auf die von den Autoren angenommene Weise, denn all dies waren „tame problems" (das heißt, kompliziert, aber mit klar definierten und erreichbaren Endzuständen), während der Klimawandel ein „wicked problem" ist (das heißt, ein „tückisches" Problem, das offene, komplexe und ungenügend erforschte Systeme umfasst). Die ursprünglich von Rittel und Webber (1973) im Kontext von Stadtplanung beschriebenen „wicked problems" sind Probleme, die oft so formuliert werden, als wären sie lösbar, es aber in Wirklichkeit nicht sind (zur Anwendung auf die Klimaproblematik, siehe Rayner 2006). Bei der Entwicklung der „Kyoto"-Strategie hielt man technisches Wissen als Grundlage für ausreichend; aber „wicked problems" erfordern ein grundlegendes Verständnis ihrer Einbindung in soziale Systeme, ihrer nicht reduzierbaren Komplexität und ihrer Unlösbarkeit. Das ist ein entscheidender Gegensatz, auf den wir weiter unten noch zu sprechen kommen werden.

Die Folge dieses Missverständnisses war ein von Grund auf falscher Deutungsrahmen, in dem der *Klimawandel als ein konventionelles, „lösbares" Umwelt„problem" dargestellt wurde*; was er beides nicht ist.

Der Klimawandel kam als politisches Problem nach dem Fall der Berliner Mauer auf. Trotz einiger zur Vorsicht mahnender Stimmen (Gerlach und Rayner 1988, S. 15-18) verfestigte sich bald die Vorstellung, dass der Klimawandel eine globale Bedrohung darstelle, die eine koordinierte globale Lösung erfordere. In *The Wrong Trousers* identifizierten Prins und Rayner die irreführenden Analogien zu anderen internationalen und Umweltproblemen, welche die FCCC- und „Kyoto"-Architektur bestimmten. Insbesondere das Konzept der „epistemic community", also einer auf einem gemeinsamen Verständnis des Problems beruhenden Wissenschaftlergemeinde (Haas 1992), das in politischen Kreisen umging, verstärkte die Vorstellung, dass eine gemeinsame Diagnose des „Klimaproblems" erforderlich sei, um politisch voranzukommen. Diese Ansicht wurde unterstützt durch die herausragende Rolle, die zum Beispiel das wissenschaftliche *Ozone Trends Panel* bei der Ausgestaltung der Bestimmungen zum Schutz der Ozonschicht spielte, oder durch die Rolle der Wissenschaft bei der Ausgestaltung des *Med Plan* zur „Rettung des Mittelmeers", was beides keine „wicked problems" waren.

Statt als Einzelproblem, das gelöst werden muss, ist der Klimawandel eher als eine anhaltende Problemlage zu verstehen, mit der umgegangen werden muss und mit der sich doch nur teilweise mehr oder weniger – eher weniger - gut umgehen lässt (Malone und Rayner 1998; Hulme 2009, S. 359-364). Er ist nur Teil eines größeren Kontextes solcher Problemlagen, zu denen unter anderem Bevölkerung, Technologie, Ungleichverteilung von Reichtum, Ressourcennutzung usw. gehören. Insofern ist er auch nicht einfach ein „Umwelt"problem. Axiomatisch ist er ebenso sehr ein Energieproblem, ein Problem der wirtschaftlichen Entwicklung oder ein Problem der Landnutzung, und sich ihm über diese Zugangswege zu nähern, könnte besser sein, als ihn als ein Problem zu begreifen, bei dem es darum geht, das Verhalten des Klimas der Erde dadurch in den Griff zu bekommen, dass man die Art und Weise verändert, wie Menschen Energie nutzen. Dies schlägt sich in dem radikal neuen Deutungsrahmen nieder, mit dem wir in diesem Papier arbeiten.

Was ein Problem zu einem „wicked problem" macht, ist die Unmöglichkeit, es definitiv zu formulieren: Die Informationen, die man braucht, um das Problem zu verstehen, sind abhängig von der Vorstellung, die man von seiner Lösung hat. Darüber hinaus haben „wicked problems" keine Abbruchregel: Wir können nicht wissen, ob wir genug verstanden haben, um jedes weitere Bemühen um Verstehen einstellen zu können. In interagierenden offenen Systemen, deren bestes Beispiel auf dieser Welt das Klima ist, sind die Kausalketten endlos. Daher kann jedes „wicked problem" als Symptom eines anderen Problems verstanden werden (Prins und Rayner 2007, S. 13f.).

Für die Politiker ist das frustrierend. Also reagieren sie auf „wicked problems" häufig, indem sie ihnen den „Krieg" erklären, um kurzen Prozess mit ihnen zu machen und dann zur Tagesordnung überzugehen. Tatsächlich ist jede eher metaphorisch als wörtlich gemeinte „Kriegserklärung" ein sicheres Zeichen dafür, dass das betreffende Problem „wicked" ist. So haben wir den Krieg gegen den Krebs, gegen die Armut, gegen Drogen, gegen Terror, und nun den Krieg gegen den Klimawandel.

Oft ist die Öffentlichkeit durch solche Kriegserklärungen zunächst einmal aufgerüttelt; aber in dem Maße, wie sich „wicked problems" als lösungsresistent erweisen, wird sie ihrer rasch müde. Neuere Umfragen lassen darauf schließen, dass in vielen entwickelten Ländern das anfänglich starke öffentliche Interesse an Klimaproblemen in dem Maße nachlässt, wie sich herausstellt, dass es ein ebenso wenig zu „lösendes" Problem ist wie die Armut, und sich dem zuwendet, was die Menschen als dringlicher empfinden, etwa der Wirtschaft (Kellner 2010; Ipsos Mori-Umfrage 2010; Newport 2010).

## 3 Die missverstandene Natur der Wissenschaft von den Erdsystemen

Parallel zu den falschen Analogien mit anderen Vertragsverhältnissen hat sich ein zweites Missverständnis entwickelt. Auf seine Weise ist es ein nicht minder grundsätzlicher und weit verbreiteter „Fehldeutungsrahmen", und es betrifft das populäre Verständnis von Wissenschaft, wie es von Nutzern wissenschaftlicher Informationen und von denjenigen Produzenten von naturwissenschaftlichem Primarschulwissen, die sich als Mahner und Aktivisten verstehen, auf die Klimaprobleme projiziert wird: das „Wissenschaftsdefizit-Modell". Der wissenschaftliche Experte gießt Wissen in die unwissenden und passiven Köpfe der Öffentlichkeit und ihrer Vertreter. Deren Defizit ist behoben, sie vertrauen dem überlegenen Wissen und den Qualifikationen des Experten, und der Wissenschaftler bedient sich dann dieser Macht, um die unwissende Öffentlichkeit weiter schlau zu machen und die korrekten Handlungen zur Behebung der vom Experten beschriebenen Situation vorzuzeichnen.

Hulme (2009, Defizit-Modell auf S. 217-219, 202-206, Abb. 6.3) dokumentiert dies anhand der ganz speziellen derartigen Rolle, die 2005 die im Auftrag des Büros von Premierminister Blair vor dem G-8-Gipfel in Gleneagles einberufene „Dangerous Climate Change"-Konferenz des *Met Office* gespielt hat, des Wetterdienstes des Vereinigten Königreichs, sowie anhand der damit zusammenhängenden Rolle des damaligen obersten Wissenschaftsberaters der Regierung Ihrer Majestät. Demselben Modell folgten auch die vor dem 17. November 2009 endlos wiederholten Versicherungen der absoluten Zuverlässigkeit des Weltklimarats, gewöhnlich belegt durch die Angabe, auf wie viele Zustimmungsprozente – oder wie viele zustimmende Wissenschaftler – er verweisen konnte. Die Journalisten setzten ein implizites und im Rückblick allzu großes Vertrauen auf solche auf dem Defizit-Modell beruhende Aussagen. Das bei vielen Beobachtern der Klimadebatte nach dem Wendepunkt des 17. November zu beobachtende Gefühl, verraten worden zu sein, erklärt vielleicht die Wut, mit der die Medien derzeit über die Gemeinde der Klimawissenschaftler herfallen.

Tatsächlich gibt es noch eine andere wichtige Art von Erkenntnissen über das populäre Wissenschaftsmodell, nämlich die wenig hilfreiche Art und Weise, wie es die Rolle von Werturteilen verschleiern kann. In seinem 2007 erschienenen Buch zur Wissenschaftspolitik stellt Roger Pielke Jr (S. 40-42) das Problem folgendermaßen dar: Er stellt fest, dass die Vorhersage eines drohenden Tornados auch ohne Heranziehung von weiteren Kriterien als ausreichende Handlungsbasis angesehen wird. Was zählt, ist einzig und allein das Vertrauen in die Autorität der Quelle. Dieses Vertrauen kommt nicht daher, dass etwa keine Werturteile im Spiel wären, sondern ist ganz einfach da, weil die Wertfrage *unbestritten* ist: Niemand will sterben, weil er einem Tornado im Weg war, der nach übereinstimmender Meinung in seine Richtung zog. Dagegen kann sich die Meinung, die jemand zur Abtreibungsfrage hat, zwar auch auf medizinisches Fachwissen stützen, aber es ist völlig klar, dass religiöse und sonstige Ansichten für diese Meinung eine weitaus größere Rolle spielen. Die Folge des Missverständnisses von Wissenschaft nach dem „Defizit"-Modell sei, so Pielke, dass die Politik zum Klimawandel, die mit ihren vielen verschiedenen Deutungsrahmen eher den Meinungen zur Abtreibung ähnelt, gewöhnlich so dargestellt wurde, als beruhe sie wie die Tornado-Vorhersage auf einem Wertekonsens. Dieser Irrtum wiederum hat zu der so weit verbreiteten wie falschen Annahme geführt, dass *die Lösungen für den Klimawandel „wissenschaftsbasiert" sein sollten, als würde ein gemeinsames Wissenschaftsverständnis zu einem politischen Konsens führen.* Vielmehr geben sich, wie wir gesehen haben, unterschiedliche politische Deutungsrahmen gerade in unterschiedlichen Auffassungen von Wissenschaft zu erkennen. Die Folge ist, dass Debatten über Klimapolitik unter dem Deckmantel von Debatten über Wissenschaft geführt werden, was beiden schadet.

Doch der „Klimawandel", und wir haben uns bemüht, dies deutlich zu machen, ist kein Einzelproblem, das auf nur eine Weise verstanden oder gelöst werden kann. Die Politiker wurden von Wissenschaftlern auf den Klimawandel aufmerksam gemacht, und diese Wissenschaftler legten von Anfang an, bei den Anhörungen vor dem US-Repräsentantenhaus und in und vor sonstigen politischen Gremien, immer auch ihre Lieblingslösungen fertig gebündelt mit auf den

Tisch. Wer diese Strategien unattraktiv fand, für den war die Vermutung, bestimmte politische Reaktionen seien irgendwie von „der Wissenschaft" diktiert worden, ein Anlass, ja eine Aufforderung, sich über die Wissenschaft zu streiten (Sarewitz 2010). So ist es ein entscheidendes Merkmal der Klimawandel-Debatte, dass Wissenschaftler mit der ganzen Autorität ihrer Position behaupteten, ihre Ergebnisse diktierten eine bestimmte Politik; dass die verantwortlichen Politiker behaupteten, die von ihnen bevorzugten Strategien würden ihnen von der Wissenschaft diktiert; und dass beide sich verhielten, als seien „Wissenschaft" und „Politik" so einfach und so zwingend miteinander verknüpft wie bei dem aufziehenden Tornado, vor dem man sich in Sicherheit bringen muss.

Die gewählten Entscheidungsträger möchten wissen, welche politischen Ressorts auf welche Weise vom Klimawandel betroffen sind und, wichtiger noch, welche Art von Maßnahmen in welchem Zeitrahmen, zu welchen Kosten und zu wessen Nutzen – und Schaden – die richtigen wären. Aber bei Fragen dieser Art wirken politische Überzeugungen wie Magneten und ziehen diejenige Wissenschaft und Interpretation heraus, die ihnen ihr Kräftefeld vorgibt. Bei den Klimamodellen etwa, die in der öffentlichen Diskussion ganz obenan standen, lässt sich anhand der vielen unterschiedlichen „prognostischen" Szenarien (das heißt, anhand der Explorationen plausibler zukünftiger Zustände mit Hilfe von Computermodellen in Abhängigkeit von einer Vielzahl von Annahmen und Vereinfachungen) so ziemlich jede Sicht der Zukunft untermauern, die man gerade bevorzugt (Girod et al. 2009). Aber die damit erzeugten „prognostischen" Modelle sind oft implizit und manchmal bewusst auf das abgestimmt, was die Politiker eigentlich wollen, nämlich „prognostische" Szenarien, das heißt: eine präzise vorhergesagte Zukunft.

Bei der Politik geht es nicht um die Maximierung von Rationalität. Es geht darum, Kompromisse zu finden, die von genug Menschen toleriert werden, um es der Gesellschaft zu ermöglichen, Schritte in die richtige Richtung zu unternehmen. Entgegen allen unseren modernen Instinkten also *kann* politischer Fortschritt beim Klimawandel nicht durch Einspeisung von noch mehr wissenschaftlicher Information in die Politik erzielt werden. Mehr Information führt, entgegen der gewöhnlichen Politikerannahme, nicht automatisch zu weniger Ungewissheit und mehr Vertrauen der Öffentlichkeit. Diese Annahme aber ist in diesem (wie in jedem) politisch heißen Bereich so präsent und potent, dass die Experten ständig in Versuchung sind, allzu überzeugt aufzutreten und allzu sehr zu vereinfachen: was in der jüngsten Geschichte der Klimaproblematik nur allzu deutlich wurde.[10] Das aber ist ein sicheres Rezept für politische Enttäuschung, wie die Gallup-Umfrage (Newport 2010) belegt. Sie zeigt einen beginnenden Trend zu einem zunehmenden Schwund des Vertrauens, das die Öffentlichkeit den Behauptungen der Klimawissenschaftler entgegenbringt, was sich allerdings interessanterweise einstweilen nicht in einer entsprechenden Ernüchterung niedergeschlagen hat, was das Ergreifen von praktischen Maßnahmen angeht.[11]

Noch mehr als im politischen Bereich führt in der Grundlagenforschung übertriebenes Vertrauen in den Stand unseres Wissens viel eher in die Irre als das Eingeständnis des Nichtwissens. Es nagelt uns auf rigide Agenden und Deutungsrahmen fest, die, wie in Kyoto, in die Sackgasse führen, statt uns viele verschiedene, ja konkurrierende Optionen offen zu lassen, die zu mehr Verständnis führen und dabei Lernen und Anpassung ermöglichen. Diese dynamische Spannung war schon immer die Antriebskraft wissenschaftlicher Revolutionen.[12]

Bei heftig kontroversen Debatten und bei der Beschäftigung mit den „wicked problems" komplexer offener Systeme ist das nützlichste Wissen von eben dieser anderen Art. Es bezieht sich auf das, von dem wir wissen, dass wir es *nicht* wissen oder dass es in vielen Punkten zweifelhaft oder umstritten ist. Dann

---

10 Zwei Quellen zum Vergleich: Auf der eine Seite die äußerlich imposante Broschüre „Science: driving our response to climate change", die verkündet, dass sie "... für alle die, die immer noch zweifeln, eine eindeutige und unparteiische Antwort bereit hat ..." (interessant ist auch die vom „Defizit-Modell" übernommene Sprache), veröffentlicht Ende 2009 vom Hadley Centre des britischen Wetterdienstes mit dem Imprimatur dreier Ministerien der Regierung Ihrer Majestät, dem Staatssiegel und den Logos vieler akademischer Institutionen. Auf der anderen Seite das offenkundige Bewusstsein, dass das, was die Broschüre mit Überzeugung vertritt, durchaus Zweifel und Verwirrung auslösen können, nachzulesen im CRU E-Mail-Archive, das private E-Mails zwischen Klimatologen dokumentiert, die ungefähr zu dieser Zeit verschickt wurden.

11 Nach der jährlichen Gallup Social Series Environment-Umfrage vom 4.-7. März 2010 war die amerikanische Öffentlichkeit im Laufe der letzten zwei Jahre zunehmend weniger besorgt wegen der drohenden Erderwärmung, weniger überzeugt, dass man ihre Auswirkungen bereits jetzt zu spüren bekommt, und eher bereit zu glauben, dass sich die Wissenschaftler selber ihrer Sache nicht mehr sicher sind. Laut Umfrage glauben 48% der Amerikaner inzwischen, dass das Ausmaß der Erderwärmung im allgemeinen übertrieben wird, gegenüber 41% im Jahre 2009 und 31% im Jahre 1997, als Gallup diese Frage zum ersten Mal stellte. Die Umfrage, die auf 1.014 Interviews mit Erwachsenen in den USA basiert, zeigte auch, dass eine Mehrheit der Amerikaner immer noch von der Realität der Erderwärmung überzeugt ist – aber die Prozentsätze schrumpfen. Fünfunddreißig Prozent sagten, die Auswirkungen der Erderwärmung würden entweder nie (19%) oder nicht zu ihren Lebzeiten (16%) eintreten. Mittlerweile sagen 36% der Amerikaner, sie glaubten, die Wissenschaftler seien sich in Sachen Erderwärmung selber nicht sicher, und 10% meinen, die meisten Wissenschaftler glaubten, dass keine Erderwärmung stattfinde. http://www.gallus.com/poll/126560/Americans-Global-Warming-Concerns-Continue-Dros.aspx

12 Siehe die berühmt gewordene Erklärung eines solchen „Paradigmenwechsels" in Kuhn (1968)

können wir überlegen, *warum* wir es nicht wissen oder zweifelhaft finden. Dieses Wissen hilft uns, den Grad unserer Gewissheit zu bestimmen, uns für die Bedeutung des Unerwarteten zu sensibilisieren und Zusammenhänge herzustellen, die andere nicht sehen: etwa wie Dame Jocelyn Bell Burnell, die als Doktorandin in Cambridge im Dezember 1967 die Radiosignale ausmachte, die zur Entdeckung der Pulsare führten, oder wie James Lovelock (1979, Tab. 2, S. 39), der nach Zeichen für Leben auf dem Mars suchte und darüber zu der Gaia-Hypothese der selbstregulierten, lebenserhaltenden Atmosphäre auf der Erde kam. Auf diese Weise können wir glaubwürdige Fortschritte machen.[13]

Dabei sollten wir aber nie die inhärente Unerkennbarkeit des künftigen Verhaltens von Klimatreibern übersehen, die vom Bevölkerungswachstum über die wirtschaftliche Leistungskraft bis hin zu technologischen Innovationen reichen. Die mit ihnen einhergehende Ungewissheit ist nicht auflösbar, ganz gleich, wie gut das klimawissenschaftliche Grundverständnis ist. Kurz, so wie wir die Dinge sehen, muss die herkömmliche Auffassung von der Beziehung zwischen Wissenschaftswissen und Politik, die dem FCCC/„Kyoto"-Ansatz zugrunde liegt, ins Gegenteil verkehrt werden. Sich bewusst zu sein, dass es etwas Unbestimmtes und Unbekanntes gibt, hat einen grundlegenden politischen wie forschungsmethodologischen *Wert*, denn es setzt die Kraft des systematischen Zweifels frei. Kontroversen über Werte, die sich hinter positivistischen wissenschaftlichen Behauptungen und Gegenbehauptungen verstecken, können so deutlicher dem Licht einer demokratischen Beratung ausgesetzt werden. Solange dies nicht geschieht, wird das politische System festgefahren bleiben, und jeder wird davon überzeugt sein, dass Gewissheit und Wahrheit auf seiner Seite sind..

---

13  Die Kraft des systematischen Zweifels wurde am besten beschrieben von Vansina (1974)

# Teil III: Radikale Abkehr vom klimapolitischen *Business-as-usual*

In Teil I wurde gezeigt, dass Ende 2009 zwei Schwellen überschritten wurden, mit der Folge, dass Schwierigkeiten, die sich schon vorher aus den Missverständnissen und Fehlanwendungen des diplomatischen Prozesses und der wissenschaftlichen Erkenntnisse über „wicked problems" ergeben hatten, nicht länger umgangen werden konnten. Diese wurden in Teil II erklärt. Bis hierher war dieses Papier bemüht, so klar, wie es uns kollektiv möglich war, zu schildern, wo die Welt angesichts der Verkettung von Problemen, zu denen auch der Klimawandel gehört, im Jahre 2010 steht; welches Wissen die Menschheit von den biophysikalischen Erdsystemen besitzt (und insbesondere welches rasch zunehmende Wissen um unser Nichtwissen, was ihre Rätsel angeht); und welche groß angelegten staatlichen oder zwischenstaatlichen Maßnahmen es in diesem Feld seit 1992 (und vor allem seit 2005/6) gegeben hat. Schließlich haben wir gezeigt, dass diese Verkettung zu einem kontinuierlichen Schwund des Vertrauens der Öffentlichkeit in die Experteninstitutionen zu führen droht. Aber gerade sie müssen wir für integer halten können, wenn wir mit den Problemen eher besser als schlechter umgehen wollen.

Wir meinen, dass wir mit Maßnahmen beginnen sollten, die auf die breiteste Zustimmung rechnen und am schnellsten zu Ergebnissen führen können. Sind erst einmal greifbare Erfolge vorzuweisen, kann in der Öffentlichkeit die Vertrauensbasis wiederhergestellt werden, die auch für eine breitere Zustimmung zu solchen Maßnahmen gebraucht wird. Für derart schwierige Aufgaben sind das unerlässliche Voraussetzungen. Unser Ziel ist es, breite Unterstützung für die radikale Beschleunigung der Entkarbonisierung der globalen Energiewirtschaft zu gewinnen. Wir meinen, dass ein indirektes Vorgehen, das bei beidem zugleich ansetzt, bei der Reduktion der Energieintensität von Volkswirtschaften und bei der $CO_2$-Intensität der Energie, eher in der Lage sein dürfte, öffentliche Zustimmung für sich zu gewinnen als ein Frontalangriff auf die $CO_2$-Emissionen, vor allem so kurz nach den jüngsten Turbulenzen. Denn für solche Bemühungen gibt es, ganz unabhängig von der Klimapolitik, viele potentielle Interessenten und Nutznießer.

Um Missverständnissen vorzubeugen, seien zwei Punke klargestellt. Erstens, wir meinen nicht, dass alles und jedes Hinarbeiten auf das ehrgeizigste Ziel, die radikale Entkarbonisierung, aufgeschoben werden sollte, bis bestimmte vorgelagerte Schritte – wie verbesserte Energieeffizienz – erfolgreich auf den Weg gebracht oder gar vollendet wurden. Wir sind, wie wir weiter unten deutlich sagen, der Meinung, dass mit der - über eine niedrige $CO_2$-Steuer zu finanzierenden – Phase der Forschung, Entwicklung, Demonstration und Umsetzung der radikalen Entkarbonisierung sofort begonnen werden könnte und sollte. Aber die Reihenfolge der Schritte folgt bewusst den Lehren aus den jüngsten Fehlschlägen, die wir unter allen Umständen vermeiden wollen.

Zweitens, das Eintreten für diesen anderen Weg bedeutet nicht, dass unserer Ansicht nach die wissenschaftlichen Belege für die Dringlichkeit der Entkarbonisierung unzulänglich oder in sonst irgendeiner Hinsicht nicht ausreichend wären. Wir betrachten jedoch, wie wir uns zu erklären bemüht haben, die wissenschaftlichen Belege nicht auf die gleiche Weise, wie sie der Öffentlichkeit von den Klimaaktivisten in der Regel präsentiert werden. „Die Einwirkung auf das Klima ist gerechtfertigt," wie *The Economist* vom 20. März 2010 (2010a, S. 13; 2010b, S. 81-84) in seinem Sonderteil zur Klimawissenschaft schreibt, „nicht weil wir wissenschaftliche Gewissheit haben, sondern gerade, weil wir sie nicht haben." Das kommt unserer eigenen Auffassung sehr nahe. Unsere Position ist, dass bei einer ganzen Reihe von Problemen, die oft unter dem Oberbegriff Klimawandel zusammengefasst werden, eine Einflussnahme gerechtfertigt ist. Viele dieser Probleme können ganz unabhängig vom Stand der Klimawissenschaft angegangen werden, und indem wir dies tun, können wir zugleich indirekt auch den einen oder anderen Klimatreiber entschärfen – und noch dazu die Erfahrung der positiven Rückwirkungen unseres Handelns machen. Also wird Klimapolitik nicht nur nicht von der Wissenschaft diktiert, sondern Klimapolitik allein diktiert auch nicht die Umwelt- oder Entwicklungs- oder Energiepolitik.

Da Meinungen über das, „was die Wissenschaft sagt", mittlerweile leicht falsch dargestellt werden können und in der überpolitisierten Klimadebatte mitunter auch absichtlich falsch dargestellt werden, wollen wir, um Missverständnissen vorzubeugen, hier noch einmal unsere Sicht des gegenwärtigen Stand der Klimawissenschaft darstellen.

Der steile Anstieg der $CO_2$-Konzentration in der Atmosphäre vom vorindustriellen Stand von rund 280 ppm auf derzeit 389 ppm und ihr weiterer Anstieg von knapp 2 ppm jährlich in jüngster Zeit stellt eine der sichersten Datenspuren dar, über die wir verfügen. Dies ist außerdem der Graph, der in der derzeitigen Debatte am wenigsten umstritten ist; und der darin dokumentierte Anstieg ist in den letzten 10.000 Jahren ohne Beispiel (NOAA 2010). Viel weniger klar ist dagegen, in welcher Beziehung dieser eindeutige $CO_2$-Trend zur globalen Temperatur und zu den jeweiligen Wetterextremen steht.[14] Aussagen dazu, wie sich steigende $CO_2$-Konzentrationen – und andere von Menschen verursachte, schädliche Einwirkungen auf das Klima – zu dem voraussichtlichen Klimawandel verhalten, beruhen infolgedessen auf einer weiteren Verknüpfung von Theorien, Daten und Modellen zu diesem rätselhaftesten aller komplexen Erdsysteme. Auch diese Ansätze sind mittlerweile umstritten (The Royal Institution of Great Britain 2010; Pielke Jr, 2010). Eines jedoch ist sicher, nämlich dass solche Projektionen unsicher sind.

Wir haben bereits beklagt, dass die nicht $CO_2$-basierten Klimatreiber bei früheren klimapolitischen Regelungen aus nicht-wissenschaftlichen Gründen ausgeklammert wurden, und wir werden gleich einige von ihnen zurück an die vorderste Front eines künftigen Handelns holen. Aber aus unserer Sicht rechtfertigt die Mauna-Loa-$CO_2$-Trendlinie *allein* schon Maßnahmen, die ihre Anstiegsrate verringern könnten, selbst wenn – und tatsächlich gerade weil – wir nicht sicher wissen, was ihre Kausaleffekte sind oder sein könnten. Wir teilen die weit verbreitete Ansicht, dass eine Beschleunigung des historischen Trends zur Reduzierung der $CO_2$-Intensität unserer Volkswirtschaften, die ein Nebenprodukt der Innovation seit Ende des 18. Jahrhunderts ist, nur vernünftig wäre.[15] Wir empfehlen zu diesem Zweck jedoch keine Prozesse, die das wirtschaftliche Wachstum gefährden, denn das wäre unserer Meinung nach – und die Geschichte der Klimapolitik beweist es – in einer informierten Demokratie nicht durchsetzbar, weil nicht konsensfähig.

---

14 „... den "Business-as-usual"-Szenarien zufolge wird [CO2] bis 2050 das Doppelte des vorindustriellen Stands erreicht haben, und später im selben Jahrhundert das Dreifache. So viel ist völlig unbestritten ... Große Ungewissheit herrscht laut jüngsten IPCC-Studien jedoch immer noch darüber, wie sensibel die Temperatur tatsächlich auf den CO2-Level reagiert..." (Rees 2008)

15 Planwirtschaften waren ausnahmslos weitaus weniger innovativ und stärker energieintensiv. Am besten dokumentiert ist das für die UdSSR und ihre Satellitenstaaten sowie für China unter Mao.

## 4 Rückkehr der ausgeklammerten, nicht-$CO_2$-basierten Klimatreiber an vorderste Front

Wie weiter oben ausgeführt, beschränken sich die menschlichen Einflüsse auf das globale Klimasystem nicht auf den $CO_2$-Input, sondern umfassen eine ganze Reihe von weiteren klimaverändernden Faktoren, die in größeren Umweltkontexten wirksam werden. Aber man sah über sie hinweg, nicht etwa aus wissenschaftlichen Gründen, sondern weil sie nicht recht in die politischen Deutungsrahmen passten. Da Einwirkungen auf diese nicht-$CO_2$-basierten Klimatreiber zu rascheren Ergebnissen und großem, unmittelbaren Primärnutzen führen könnten, meinen wir, dass sie Priorität haben müssten, und zwar gleich. Im Gegensatz zu langwierigen und mühsamen Aufgaben könnten sie erfolgreiche „Schnellschüsse" sein. Sie hätten weithin anerkannte praktische Effekte und könnten dadurch helfen, das Vertrauen der Öffentlichkeit zurückzugewinnen.

Die meisten dieser anderen Klimatreiber, vor allem Ruß und andere Aerosole, reaktiver Stickstoff, troposphärisches Ozon und Methan, sind die wichtigsten „Zutaten" der Luftverschmutzung. Der gesundheitliche Nutzen einer geringeren Luftverschmutzung ist bekannt und erwünscht. Nationale Immissionsschutzgesetze zu ihrer Durchsetzung sind in vielen Hoheitsbereichen belegt, vor allem seit dem beispielhaften britischen *Clean Air Act* von 1956 (verabschiedet als Reaktion auf den *Great London Smog* von 1952) (Brimblecombe 2002).[16] Zu den Effekten dieser anderen Klimatreiber gehört die Rolle, die sie bei der Veränderung der Eigenschaften von Luft- und Meereskreisläufen spielen, die sich immer mehr von dem entfernen, was sie in einem natürlichen Klimasystem wären. Weitere Klimaeffekte entstehen durch die von ihnen beschleunigte Erwärmung der atmosphärischen Randschichten durch die Sonneneinstrahlung, die dazu führt, dass Wolken verdunsten und sich das Rückstrahlungsvermögen von Schnee und Eis verändert: Ruß, der auf weißen Schnee oder weißes Eis fällt, erhöht deren Wärmeaufnahme und kann das Schmelzen beschleunigen (Eis-Albedo-

---

16 Eine solche Gesetzgebung ist zu Anfang oft sozial umstritten, wie etwa die seit 1998 immer wieder einmal ausbrechenden Unruhen im Zusammenhang mit der gerichtlich durchgesetzten Einführung von Gasmotoren für Fahrzeuge im öffentlichen Nahverkehr in New Delhi zeigen. New Delhi verfügt inzwischen über die weltgrößte Flotte von Busen und Dreirad-Rikschas mit Gasmotoren, mit dem Ergebnis einer deutlichen Verbesserung der Luftqualität (vgl. Reynolds und Kandlikar 2008).

Rückkoppelung) (Hansen und Nazarenko 2003, S. 423-428). Wie schon in „How to get climate policy back on course" mit Verweis auf neuere Arbeiten angedeutet wurde, könnte der Rußeffekt überzeugender zur Erklärung der arktischen Eisschmelze der letzten Jahren beitragen als alle anderen Erklärungsmodelle. Ruß könnte bis zu 50% der in jüngster Zeit beobachteten Erwärmung in der Arktis beigetragen haben (Tollefson 2009, S. 29-32).

Die meisten feinen Aerosolpartikel, darunter Sulfate, Nitrate und $CO_2$, streuen die Sonneneinstrahlung in den Raum zurück und bewirken eine Abkühlung. Ruß jedoch, der von Dieselmotoren, ineffizienten Kochherden, Waldbränden und dergleichen stammt, absorbiert die Sonneneinstrahlung und erwärmt die Atmosphäre. Wegen dieses Rückkoppelungsprozesses und seiner Merkmale in der Atmosphäre wird Ruß in vielen Studien als die nach Kohlendioxid zweitwichtigste vom Menschen verursachte (anthropogene) Komponente der Erderwärmung angesehen (Jacobson 2001, S. 695-697; Ramanathan und Carmichael 2008, S. 221-227). Ruß ist erst in jüngster Zeit stärker beachtet worden, und seine Auswirkungen wurden in den IPCC-Berichten noch nicht ausreichend berücksichtigt.[17]

Nach Schätzungen von Shine und Sturges (2007, S. 1804-1805) sind 40% der von anthropogenen Treibhausgasen gebundenen Wärme in der Erdatmosphäre auf andere Gase als $CO_2$ zurückzuführen. In einer neueren Studie haben Bera et al. (2009, S. 12694-99) mehr als ein Dutzend Moleküle analysiert, die an der Erderwärmung beteiligt sind, um herauszufinden, welche chemischen und physikalischen Eigenschaften für die Bestimmung ihrer inhärenten Strahleneffizienz am wichtigsten sind und damit über das größte Treibhauspotenzial verfügen. Sie fanden heraus, dass Moleküle mit mehreren Fluoratomen meist starke Treibhausgase sind, verglichen mit Molekülen, die Chlor oder Wasserstoff enthalten. Für bestimmte Fluorkohlenwasserstoffe (FKW) und Fluor-Kohlenstoffverbindungen (Perfluorcarbone, PFC), mit denen in verschiedenen Industriezweigen ständig gearbeitet wird, konnte nachgewiesen werden, dass sie extrem wirksame Treibhausgase sind, da sie im atmosphärischen Fenster absorbieren und in manchen Fällen eine geschätzte atmosphärische Verweilzeit von tausenden von Jahren haben. Die Studie kam zu dem Schluss, dass manche PFC und FKW Merkmale aufweisen, die einen sowohl kurzfristig als auch langfristig signifikant

---

17  Das Hadley Centre verweist in seiner Veröffentlichung von 2009, „Science: driving our response to climate change", in einer Anmerkung auf Ruß.

stärkeren Einfluss auf die Erdwärme haben als $CO_2$. Das bedeutet, dass unter dem erfolgreichen Montreal-Protokoll auch sofort etwas gegen sie unternommen werden kann (Molina et al. 2010). Einige der wirksamsten FKW verfügen über das Mehrtausendfache des Treibhauspotenzials von $CO_2$. Stickstofftrifluorid zum Beispiel hat über einen Zeitraum von 100 Jahren ein 17.200-mal größeres Treibhauspotenzial als $CO_2$.

Nachgewiesen ist auch die Bedeutung der Landnutzung für eine Veränderung der FKW-Emissionen: Rund ein Drittel der anthropogenen $CO_2$-Emissionen seit 1850 ist auf Landnutzung zurückzuführen (Houghton und Hackler 2001). Es gibt jedoch zunehmend Belege dafür, dass die Landnutzung noch eine weitere signifikante Rolle für den derzeitigen Klimawandel spielt, und zwar durch eine Reihe von biogeochemischen Mechanismen, die von den Strahlungseffekten unabhängig sind und deren Auswirkungen sich am stärksten in städtischen Regionen bemerkbar machen (Pielke Sr 2005, S. 1625; Foley et al. 2005, S. 570; Stone Jr 2009, S. 9052-9056). Zum Beispiel legt Stones neueste Arbeit den Schluss nahe, dass Veränderungen der Feuchtigkeits- und Energieströme auf der Erdoberfläche infolge von Landnutzungsaktivitäten direkter zu regionalen Klimaphänomenen beitragen könnten als die mit ihnen zusammenhängenden Veränderungen der Emissionen. Die meisten, wenn nicht alle, dieser menschlichen Einflüsse auf das regionale und globale Klima werden uns auch in den kommenden Jahrzehnten zu schaffen machen. Außerdem sind rasch expandierende Stadtbevölkerungen zunehmend anfällig für Erwärmungsraten, die über den Raten für den Planeten als Ganzen liegen.

Angesichts dieser Belege muss eine umfassende und letztlich wirksame Minderungsstrategie auf die Klimatreiber sowohl in der Atmosphäre als auch an der Erdoberfläche reagieren. Erstens, wir brauchen separate Strategierahmen und Maßnahmen für kurzfristige und langfristige Klimatreiber. Kurzfristige Klimatreiber – Ruß, Aerosole, Methan und troposphärisches Ozon – unterscheiden sich ihren physikalischen Eigenschaften, ihren Quellen und den strategischen Ansatzpunkten zu ihrer Beeinflussung nach ganz wesentlich von langfristigen Klimatreibern - $CO_2$, Halogenkohlenwasserstoffe, Lachgas. Der Entwicklung von besseren Materialien mit minimalem Absorptionsvermögen im atmosphärischen Fenster oder kürzeren atmosphärischen Verweilzeiten sollte mehr Beachtung geschenkt werden.

Zweitens, eine Minderung des menschlichen Einflusses auf das Klima könnte bis zu einem gewissen Grad durch Landnutzungsstrategien erreicht werden. Auf Regionen bezogen könnte das heißen, dass die Entwaldung vermieden wird, um das Potenzial der Wälder zur Wiederherstellung des Feuchtigkeits- und Energiegleichgewichts zu erhalten; bezogen auf Stadtgebiete könnte es heißen, dass zum Beispiel verstärkter Baumschutz als Minderungsstrategie anerkannt wird.

Drittens und letztens, die aktuellen Minderungsstrategien nehmen an, dass Verminderungen der atmosphärischen Konzentration von Treibhausgasen (gewöhnlich wiedergegeben in Einheiten von $CO_2$-Äquivalenten als Teil der Standardisierung dieses metrischen Maßsystems) und Ausweitungen der $CO_2$-Senken die einzigen Mechanismen sind, über die die laufenden Klimaveränderungen verlangsamt oder gestoppt werden können (IPCC 2007). Eine Erweiterung des strategischen Spektrums über das hinaus, was üblicherweise als „Minderung" definiert wird, hätte jedoch andere Vorteile für die Gesundheit der Menschen, die Produktivität der Landwirtschaft und die Qualität der Umwelt und würde zusammen mit ihrer Relevanz für den Klimawandel die Maßnahmen rechtfertigen, die für den Erfolg dieses alternativen Szenarios nötig sind (Stone Jr 2009, S. 9052-9056).

## 5 Gewährleisten, dass in einer komplexen Welt das Beste nicht der Feind des Guten ist

Jahrzehntelang und länger haben Energieexperten darüber diskutiert, welches Potenzial eine Steigerung der Energieeffizienz für die Verminderung des Gesamtenergieverbrauchs hätte und, neuerdings, welche Rolle sie für die Entkarbonisierung der Wirtschaftstätigkeit spielen könnte. Mindestens seit 1980 ist die rückläufige Energieintensität des Bruttosozialprodukts (BSP) der wichtigste Faktor für die Entkarbonisierung der Weltwirtschaft. Dennoch sind der Energieverbrauch wie die $CO_2$-Emissionen trotz des jahrelangen stetigen Rückgangs der Energieintensität der Weltwirtschaft immer weiter gestiegen. Wir meinen, dass ein anhaltender und selbst beschleunigter Rückgang der Energieintensität nicht ausreichen wird, um die Entkarbonisierung in Zukunft zu beschleunigen. Diese Ansicht stützt sich vor allem auf die Annahme eines stark steigenden Energiebedarfs in den kommenden Jahrzehnten, die sich übereinstimmend in praktisch allen Energieszenarien der internationalen Energieagenturen und der großen

Energiekonzerne findet. Eine drastische Ausweitung des Energiezugangs für die 1,5 Milliarden Menschen, die heute keinen verlässlichen Zugang haben, ist jedoch, anders als bei uns, in vielen solcher Szenarien noch gar nicht vorgesehen. Das heißt, dass unsere Zielvorstellungen zu den jetzt schon eindrucksvollen konventionellen Annahmen noch hinzuaddiert werden müssen. Künftige Raten des Rückgangs der Energieintensität haben Einfluss darauf, wie viel neue Energie letztlich gebraucht wird, ändern aber nichts daran, dass viel mehr neue Energie gebraucht wird. Im Kontext eines steigenden Energiebedarfs zeigt schon die simple Mathematik der $CO_2$-Emissionen, dass die Entkarbonisierung der Energieversorgung als der wichtigste Faktor für eine zukünftige Entkarbonisierung der Wirtschaftstätigkeit an erster Stelle stehen muss.

Daher bieten wir in diesem Teil des Papiers keine Lösung für die langjährigen und immer noch andauernden Debatten über die relative Rolle der Energieeffizienz für den künftigen Energiebedarf an. Wir sind auch nicht der Meinung, dass dies für unsere Argumentation nötig ist. In vielen, wenn nicht den meisten, Fällen können die Bemühungen um eine Verbesserung der Energieeffizienz aus anderen Gründen als der Entkarbonisierung gerechtfertigt werden. Zudem schafft die Modernisierung und Verbesserung der Effizienz von Energiesystemen die Voraussetzungen für ihre Diversifizierung und Entkarbonisierung. Auf diese Weise können die entsprechenden Strategien zum Wegbereiter für andere Entkarbonisierungsstrategien werden.

## 5.1 Die politischen Voraussetzungen von Energieeffizienzstrategien

Zwar ist die Beschleunigung der Entkarbonisierung der Energieversorgung der einzige langfristige Ansatz, der zu einer radikalen Beschleunigung der Entkarbonisierung der Wirtschaftstätigkeit führen kann, doch wird er nicht rasch oder problemlos umgesetzt werden, und die wichtigsten Forschungs-, Entwicklungs-, Demonstrations- und Implementierungsmaßnahmen werden mit staatlichen Mitteln finanziert werden müssen. Das heißt, die Steuerzahler müssen überzeugt werden, dass dies in ihrem Interesse ist. Das politische Ziel hat also einen technologischen Haken: Erneuerbare Energie muss für den Verbraucher an der Verwendungsstelle billiger sein als umweltschädliche Energie, und dieser Preisunterschied muss – ein entscheidender Punkt – ohne permanente Subventionierung gehalten werden können.

Zu einem Zeitpunkt, zu dem Meinungsumfragen zeigen, dass das Wiedereinsetzen des wirtschaftlichen Wachstums und die Schaffung von Arbeitsplätzen für die meisten Wähler in den OECD-Ländern weitaus höher rangieren als die Einwirkung auf den von Menschen gemachten Klimawandel, ist es höchst sinnvoll, Strategien zu fördern, die bis zu einem gewissen Grad beides können. Da Energieeffizienz Geld spart, die Industrie produktiver macht und zu anderen lohnenden Zielen beiträgt und daher eine politisch sehr viel attraktivere Aussicht ist, lohnt sie sich auch ungeachtet ihres Nutzens für die $CO_2$-Politik. Das heißt, dass erkannt werden muss, wie wichtig die Verringerung der Energieintensität ist, und dies wiederum wäre am elegantesten durch die systematische Anwendung eines sektoralen Ansatzes zu erreichen, der sich als erstes auf die energieintensivsten Sektoren konzentriert, vor allem die Strom-, Aluminium-, Zement/Beton- und Stahlerzeugung – Sektoren, die zugleich die treibenden Kräfte moderner Volkswirtschaften sind.

Das Fallbeispiel dokumentiert eine der unentbehrlichsten und energieintensivsten Industrien der Welt. Am Beispiel der weltweiten Stahlindustrie lässt sich für einen ganzen Industriesektor zeigen, welches Potenzial für Emissionsreduktionen durch die Verbreitung von technologisch optimalen Vorgehensweisen geschaffen werden kann, aber auch, wo deren Grenzen liegen. Wirksame internationale sektorale Regelungen können helfen, die Einführung entsprechender Technologien bei Produzenten mit niedrigeren Standards zu kontrollieren (wie das Fallbeispiel im Kontext der Asia-Pacific Partnership [APP] zeigt). Solche Verbesserungen lohnen sich aus einer ganzen Reihe von ökonomischen Gründen. Sie können jedoch, wie das Fallbeispiel zeigt, nichts an der langfristigen Notwendigkeit einer Entkarbonisierung der weltweiten Energieversorgung ändern, wenn die Ziele für die Reduktion des $CO_2$-Ausstoßes letztlich erreicht werden sollen.

**Potenzial und Grenzen eines effizienzzentrierten sektoralen Ansatzes: das Beispiel der Stahlindustrie**

Die weltweite Stahlnachfrage ist rasant gestiegen: In den letzten zehn Jahren trieb das starke wirtschaftliche Wachstum in den Entwicklungsländern, insbesondere den BRIC-Ländern (Brasilien, Russland, Indien, China), die Stahlnachfrage um 60% in die Höhe. Bedenkt man, dass der Pro-Kopf-Verbrauch an Stahl in China und Indien immer noch bei einem Drittel bzw. eine Zehntel des Verbrauchs in den entwickelten Ländern liegt, dürfte dieser Anstieg der Stahlnachfrage in den kommenden Jahrzehnten weitergehen (World Steel Association, 2009). Diese steigende Nachfrage mit einem Minimum an $CO_2$-Emissionen zu decken, ist ein wichtiges Problem für die Stahlindustrie. Aber bei der Rohstahlproduktion, bei der Eisenerz mit Hilfe des Reduktionsagens Kohlenstoff (Koks) in Roheisen umgewandelt wird, ist der Ausstoß von $CO_2$ nicht zu vermeiden. Die Rohstahlerzeugung ist jedoch auch ein höchst energieintensiver Vorgang. Deshalb bedeutet mehr Energieeffizienz, unter anderem durch Rückgewinnung und Wiederverwertung von Energie im Prozess selbst, nicht nur geringeren Energieverbrauch, sondern auch geringeren $CO_2$-Ausstoß pro Tonne produziertem Stahl. Bei Stahl ist Energieersparnis fast gleichbedeutend mit $CO_2$-Ersparnis. Die Art und Weise, wie die japanische Stahlindustrie ihre Produktion gesteigert und ihre Emissionen verringert hat, mag ungewöhnlich sein; aber sie kann als Beispiel dafür dienen, was in der Praxis erreichbar ist, und hat zur Entwicklung eines weltweiten Ansatzes im Stahlsektor beigetragen.

Seit dem Ölpreis-Schock der 1970er Jahre hat die japanische Stahlindustrie verschiedene Energiespartechnologien entwickelt und in sie investiert. Die Folge ist, dass in den letzten 30 Jahren eine Effizienzsteigerung von rund 30% erreicht wurde (Japan Iron and Steel Federation 2009) und dass die japanische Stahlindustrie zu fast 100% mit den wichtigsten derzeit verfügbaren Energiespartechnologien ausgestattet ist. Die APP[18] *Steel Task Force* hat eine Liste solcher Energiespartechnologien erstellt und untersucht, zu welchen Anteilen sie in ihren Mitgliedsländern angewendet wurden. Sie kam zu dem Schluss, dass in der Stahlindustrie der sechs ursprünglichen APP-Mitgliedsländer (Australien, China, Indien, Japan, Korea und die Vereinigten Staaten) bei einer Anwendungsrate von 100% 127 Millionen Tonnen $CO_2$ pro Jahr eingespart werden könnten (Tateishi 2007). Die Liste dieser Technologien wurde im SOACT-Handbuch der APP *Steel Task Force* veröffentlicht und ist auf der APP-Website öffentlich zugänglich.[19]

Auch die IEA (2008) kommt zu einer ähnlichen Einschätzung des $CO_2$-Einsparpotenzial: Bei weltweiter Anwendung der derzeit verfügbaren Energiespartechnologien könnte die Stahlindustrie 340 Millionen Tonnen $CO_2$ pro Jahr

---

18  Asia Pacific Partnership for Clean Energy and Environment
19  APP-Website: http://www.asiapacificpartnershis.org/english/steel_tf_docs.aspx

einsparen. Das entspricht fast 25% der gesamten japanischen $CO_2$-Emissionen des Jahres 2008.

Der Stahlindustrie steht vor der Aufgabe, die weltweit wachsende Nachfrage mit einem Minimum an Energieverbrauch (= Minimum an $CO_2$-Emissionen) zu decken. Dies ist nur über eine durchgängige Ausstattung mit den besten derzeit verfügbaren Energiespartechnologien zu erreichen.

Da die meisten Energiespartechnologien zwar nicht mit hohen Profiten, aber doch mit „negativen Kosten" zu Buche schlagen, führt ihre Verbreitung in der Stahlindustrie nicht nur zu geringeren $CO_2$-Emissionen, sondern auch zu einem gewissen ökonomischen Gewinn in den sie anwendenden Ländern. Die oben genannten Technologien sind jedoch in der Industrie nicht unbedingt weit verbreitet. Die APP *Steel Task Force* hat die Hindernisse, die ihrer Verbreitung entgegenstehen, analysiert und identifiziert. Dazu gehören längere Anlagendeckungszeiten und in den Entwicklungsländern ein Mangel an technischer Kompetenz in der Stahlindustrie selbst. Ein wichtiger Faktor ist, dass in den meisten Entwicklungsländern mit raschem Wirtschaftswachstum der interne Zinsfuß bei einer Produktionserweiterung meist viel höher ist als bei Energiesparinvestitionen. Daher werden knappe Ressourcen wie Kapital und technische Kompetenz nicht unbedingt für Energiesparinvestitionen eingesetzt.

Da die meisten Energiespartechnologien in der Stahlindustrie auf dem globalen Technikmarkt im Handel und damit allgemein verfügbar sind, ist die Zugänglichkeit auf technologischer Ebene kein Hindernis; nötig wären also staatliche Anreize, die Energiesparinvestitionen Priorität geben, sodass die Investitionshürde niedriger würde.

Da Stahl derart $CO_2$-intensiv ist, ist die $CO_2$-Emission pro Wertsteigerung weitaus größer als bei anderen Industrien oder Wirtschaftstätigkeiten. Deshalb sollten die durch Energiesparinvestitionen erzielten $CO_2$-Reduktionen bei der Stahlerzeugung viel größer sein als die zusätzlichen $CO_2$-Emissionen aus den durch Energieeinsparungen erzielten Zusatzprofiten.

Abschließend sei daran erinnert, dass auch eine weltweite Grundausstattung mit den besten verfügbaren Energiespartechnologien in der Stahlindustrie nur kurz- und mittelfristig (10-20 Jahre) wirksam wäre. Sobald ein Verbreitungsgrad von 100% erreicht ist, bieten die bestehenden Technologien keine weiteren Möglichkeiten für Einsparungen bei der Energie bzw. den $CO_2$-Emissionen. Somit stellt der Zugang über die Energieeffizienz eine Überleitung und Ergänzung zu einer grundlegenden Entkarbonisierung dar.

## 5.2 Das Primat der beschleunigten Entkarbonisierung der Energieversorgung

Seit nunmehr fast zwanzig Jahren wird versucht, Emissionen *direkt* durch – paradoxerweise – *indirekte* Methoden zu beeinflussen. Diese Methoden sind hauptsächlich „Top-Down"-Regulierungen des Energie-Endverbrauchs. Sie waren höchst ambitioniert, einschließlich des mit Fehlern behafteten Versuchs zum Aufbau eines $CO_2$-Marktes; aber sie haben die Emissionen nicht reduziert und, wichtiger noch, die Entkarbonisierung der Volkswirtschaften nicht beschleunigt. In ihrer byzantinischen Komplexität sind sie außerdem in Kopenhagen soeben politisch gescheitert. Dennoch haben sie wegen des riesigen politischen Kapitals, das vor allem in Europa in sie investiert wurde, eine gewaltige bürokratische Eigendynamik entwickelt. Während sie also immer weiter laufen, werden sie in den Demokratien zum Ärgernis für immer mehr immer skeptischere Bürger, da langsam aber sicher die Kosten sichtbar werden, die den Familien und Individuen durch diese Art „Kyoto"-Strategie entstehen. Wie die Wähler auf große und immer noch größere Erhöhungen ihrer Stromrechnungen reagieren, wenn erst einmal allgemein bekannt wird, dass diese nicht wegen der Marktlage erfolgen, sondern nach Ermessen und aus so genannten „grünen" Gründen, bleibt abzuwarten.

Dies ist uns bewusst, und deswegen schlagen wir aus strategischen Gründen vor, einen gut erforschten und erfolgreichen Trend zur Erreichung realer Emissionsreduktionen *indirekt* durch – nicht so paradoxe – *direkte* Methoden zu beschleunigen. Diese Strategie richtet sich ganz gezielt auf die Angebotsseite und die primäre Energieproduktion. Wir sind optimistisch, was ihr technisches Potenzial angeht. Wir sind außerdem sehr viel zuversichtlicher, was ihren politischen Realismus betrifft. Anders als die frühere „Kyoto"-Strategie ist sie ganz im Sinne der drei oben dargelegten übergreifenden Ziele. Die wichtigsten sonstigen mit ihr einhergehenden Vorteile sind bewusst gewollt und werden weitgehend unterstützt. Diese Strategie ist außerdem in Einklang mit dem wirtschaftlichen Wachstum, was in den größeren Volkswirtschaften die Voraussetzung für ihre politische Zugkraft ist. Das Schicksal der Versuche der Regierung Obama, das Klimaproblem in Angriff zu nehmen, ist ein Beispiel für diese Grundwahrheit.

In „How to get climate policy back on course" wurde diese Strategie in eben diesem Sinne erklärt und in Anerkennung der Erkenntnisse von Professor Yoichi Kaya der „Kaya Direct"-Ansatz genannt:

> Die Kaya-Formel (Kaya Identity) zeigt, dass es auf der Makroebene vier – und nur vier – politische Hebel gibt, bei denen die Emissionsreduktion ansetzen kann. Dies sind Bevölkerung, Reichtum, Energieintensität (= Energieeinheiten pro BSP-Einheit) und $CO_2$-Intensität (= die pro Energieeinheit produzierte Menge $CO_2$). Jeder dieser Faktoren kann durch Betätigung eines bestimmten Hebels beeinflusst werden, und jeder Hebel verlangt eine bestimmte politische Herangehensweise.
>
> Bei der Bevölkerung ist der Hebel das Bevölkerungsmanagement. Beim Reichtum ist der Hebel das Downsizing der Volkswirtschaft. Bei der Energieintensität ist der Hebel die Steigerung der Energieeffizienz. Und bei der $CO_2$-Intensität ist der wichtigste Hebel der Übergang zu Energiequellen, die weniger Emissionen erzeugen.
>
> Die Beziehung zwischen den vier Faktoren in der Kaya-Formel lässt sich mathematisch folgendermaßen ausdrücken:
>
> $CO_2$-Emissionen = C = P x $\frac{BSP}{GDP}$ x $\frac{TE}{TE}$ x C
>
> (Wobei BSP = Bruttosozialprodukt und TE = Gesamtenergie (total energy) ist.)

Unsere Strategie ist, Wege zu finden, um die Hebel Energie- und $CO_2$-Intensität zu betätigen.

Auch ohne das Ziel der Ausweitung des Energiezugangs auf alle Menschen dürfte sich nach IEA-Prognosen der globale Energieverbrauch von heute bis zum Jahre 2050 ungefähr verdreifachen. (Zum Vergleich: Im Laufe des 20. Jahrhunderts stieg der Energieverbrauch um das Sechzehnfache an.) Unter solchen Bedingungen sind, realistisch gedacht, die in den klimapolitischen Diskussionen vorgeschlagenen großen Reduktionen nur durch radikale Kostensenkungen und

Leistungssteigerungen bei der $CO_2$-freien oder sehr $CO_2$-armen Energieversorgung zu erreichen. Eine 50%-Reduktion des jetzigen Stands der globalen mit dem Energieverbrauch verbundenen $CO_2$-Emissionen bei gleichzeitiger Verdreifachung des Energieverbrauchs erfordert eine Reduzierung der $CO_2$-Intensität der globalen Energieversorgung um 87%. Wie wir sehen werden, ist dies eine Aufgabe, die in der Praxis den gleichen Durchbruch bei Kosten und Leistung der $CO_2$-freien Energietechnologie voraussetzt wie die vollständige Entkarbonisierung der globalen Energieversorgung.

Sollte der globale Energieverbrauch langsamer steigen, wäre der Prozentsatz der globalen Energieversorgung, der entkarbonisiert werden müsste, nur geringfügig kleiner. Dies würde jedoch nichts an der grundsätzlichen Natur der Herausforderung der Entkarbonisierung ändern. Zum Beispiel müsste in dem unwahrscheinlichen Fall, dass die weltweite Energienachfrage nur um den Faktor zwei statt drei anstiege, was nur mit einer signifikanten Effizienzsteigerung zu erreichen wäre, die globale Energieversorgung zu 75% statt zu 87% entkarbonisiert werden. Also setzt ein solcher Rückgang der $CO_2$-Intensität der Energie ebenso wie das Szenario der höheren Energienachfrage praktisch dieselbe Revolution in der Energietechnologie voraus wie die vollständige Entkarbonisierung.

Aber eine Begrenzung des Wachstums der weltweiten Energienachfrage auf den Faktor zwei statt drei erscheint höchst unwahrscheinlich, vor allem da die IEA in ihren Schätzungen des Mindestanstiegs der weltweiten Energienachfrage bereits sehr robuste und tatsächlich beispiellose Annahmen zur Entkarbonisierung zugrunde legt, die weitgehend auf sehr hohen angenommenen jährlichen Raten des Rückgangs der globalen Energieintensität beruhen. In jedem Falle ist, wenn die $CO_2$-Konzentration in der Atmosphäre auf einem niedrigen Stand stabilisiert werden soll, eine nahezu vollständige Entkarbonisierung der Energieversorgung nötig, und dieser Schluss hängt noch nicht einmal besonders stark von einzelnen Annahmen in Energieszenarien ab.

Somit ist es unvermeidlich, dass sich die langfristigen staatlichen Maßnahmen zur Reduzierung der globalen $CO_2$-Emissionen auf die Entkarbonisierung der globalen Energieversorgung konzentrieren (Hoffert et al. 1998, 2002). Das Haupthindernis sind dabei die hohen Kosten von $CO_2$-armen oder $CO_2$-freien Energiequellen. Fossile Brennstoffe sind immer noch reichlich vorhanden und haben viele wünschenswerte Eigenschaften. Sie sind energiedicht, transportabel, weithin verfügbar, leicht zugänglich und haben ihren eigenen Speichermechanismus. $CO_2$-arme Alternativen sind fast immer und überall teurer als fossile

Brennstoffe. In Konkurrenz zu anderen Quellen (das heißt, außer in sehr abgelegenen oder sehr armen Gegenden) sind erneuerbare Energien (Wind, Sonnenwärme, Photovoltaik, Erdwärme, Gezeiten, usw.) teurer, außer unter idealen Bedingungen, das heißt, an optimalen Standorten, in der Nähe von bestehenden Transportwegen, als Ersatz für Spitzen- statt Grundbedarf und zur Versorgung einer Klientel, die bereit ist, höhere Preise zu zahlen.

In mehreren OECD-Ländern nimmt der zunächst geringe Anteil der erneuerbaren Energien dank großzügiger staatlicher Subventionen rasch zu. Aber mit dem steigenden Marktanteil dieser erneuerbaren Energien werden sich die Subventionen politisch immer schwerer rechtfertigen lassen. Würde zum Beispiel in den USA Strom aus Windkraftanlagen seinen heutigen Anteil von 2% auf 20% steigern, bedeutete das einen Anstieg der staatlichen Subventionen auf jährlich 20 Milliarden Dollar (die bedeutenden technischen Herausforderungen, die mit einer Zunahme in dieser Größenordnung verbunden wären, nicht eingerechnet).[20] Schon jetzt wurden in Kalifornien und in Deutschland die Subventionen für Photovoltaikanlagen (PV) zurückgefahren. In Großbritannien betreibt ein führender, tiefgrüner Umweltaktivist zur Zeit eine Zeitungskampagne gegen den gerade erst eingeführten, sehr großzügigen PV-Einspeisungstarif, mit der Begründung, er ziehe den armen Leuten, die keine großen, nach Süden liegenden Dächer und keine gut gefüllten Geldbeutel haben, über die steigenden Stromrechnungen mehr Geld aus der Tasche als denen, die beides haben (Legett 2010). Die ernüchternde Geschichte der europäischen und insbesondere britischen Windkraft der letzten Zeit ist eine heilsame Warnung vor dem, was passieren kann, wenn Politiker und Klimaaktivisten die Realitäten der Energiewirtschaft ignorieren, indem sie ihre Kontrolle über staatliche Gelder zu großen strukturelle Subventionen und ihre Kontrolle über rechtliche und politische Verfahren zur Erteilung von zonenbezogenen Ausnahmegenehmigungen nutzen. Die Folge war, dass Windkraftanlagen ausgewählt wurden, deren Leistung weit hinter dem zurückblieb, was man sich von ihnen versprochen hatte. Dies hatte gravierende

---

20 Bei einer Subvention von 2,1 US-Cent pro produzierter Kilowattstunde und auf 790 Milliarden KWh Windenergie = 20% der gesamten Stromerzeugung von 2009 hochgerechnet; mit der Zunahme der Gesamtstromerzeugung steigen die Subventionen auf 20 Milliarden US-Dollar (US Department of Energy 2010, Tabelle 1.1).

finanzielle und soziale Folgen, weil es auch zu signifikanten Verzerrungen der Investitionsentscheidungen auf dem Aktienmarkt insgesamt führte.[21]

Ein aktuelles Hindernis für die Ausweitung der erneuerbaren Energien ist die Schwierigkeit, Transportwege aufzubauen, die den Strom von den wind- und sonnenreichen Orten, wo er erzeugt wird, in die Städte und industriellen Ballungsgebiete bringen, wo er gebraucht wird. Ein vielleicht noch größeres Hindernis ist die Entwicklung von großen, für die Primärversorgung ausreichenden Speicheranlagen für unregelmäßig erneuerbare Energien wie Wind- und Sonnenkraft; hier steht der eigentliche technologische Durchbruch noch aus. In Präsident Obamas Energieplan waren für neue Transportwege nur bescheidene Investitionen vorgesehen, sodass sich manche Experten schon fragten, ob erneuerbare Energien überhaupt auf den für die Primärversorgung erforderlichen Stand gebracht werden können (vgl. Wald 2009). Der beschlossene Gesamthaushalt für neue Energietransportwege deckt somit nur einen Bruchteil des von Obama ursprünglich angestrebten Ziels ab.

Diese Rückzugspolitik steht in krassem Gegensatz zu der Politik, mit der in den 1950er Jahren der Bau der großen US-Fernstraßen betrieben wurde. Für sie gab es breite lokale Unterstützung, da die Kommunen von dem Entwicklungsschub profitieren wollten, den sie sich von der Nähe zu einer großen Fernstraße versprachen. Bei den Energietransportwegen fällt lokal kein wirtschaftlicher Nutzen ab: Der Strom nützt den Produzenten und ihren fernen Kunden, nicht den

---

21 Diese beiden Faktoren werden heute allgemein als die wichtigsten Gründe dafür angesehen, dass Windgeneratoren an Standorten mit geringem Potenzial installiert wurden. Die Leistungszahlen zeigen eine insgesamt schlechte Verfügbarkeit – weit unter den Annahmen der Regierung. In Ausnahmezeiten kann sich das Problem radikal zuspitzen. Am 4. Januar 2010 gab das National Grid, ein britisches Dienstleistungsunternehmen der Strombranche, einen Gas Balancing Alert (Warnung vor einem Ungleichgewicht zwischen Gasangebot und -nachfrage) für Großbritannien heraus – immerhin erst der zweite dieser Art -, um Großverbraucher einzuschränken und die Gasnachfrage umzuleiten. Zur kältesten Zeit des kältesten Winters seit 30 Jahren war die Nachfrage gigantisch. Aber da sehr kalte Luft gewöhnlich mit Hochdruckwetter verbunden ist, wehte kein Wind. Vom 4. bis 7. Januar trug Windenergie 0,6% zur Gesamtstromerzeugung bei. Kohle erhöhte sich um 43%. Die größte Nachfragelast lag beim Gas, und Atomstrom steuerte das dritte Segment bei, siehe www.bmreports.com/bsp/bsp_home.htm. Aber die Kernkraftwerke, die zur Zeit in Betrieb sind, werden bald abgeschaltet, ohne dass Ersatz für sie da ist, und viele der für die Grundversorgung zuständigen Kohle- (und Öl-) -kraftwerke sollten nach der klimapolitischen EU-Direktive für Großfeuerungsanlagen eigentlich bis 2015 nach und nach vom Netz gehen. Auch hier gibt es keine glaubwürdigen Pläne für Ersatz. Die Abhängigkeit vom Gas wird drastisch zunehmen. Damit die Lichter nicht ausgehen, werden veraltete, ineffiziente Kohle- und Schwerölkraftwerke schlicht in Betrieb bleiben müssen (Lodge 2009, S. 31) (19.2GW von installierten 77GW nationaler Gesamtkapazität).

unter den Stromleitungen lebenden Verbrauchern oder Kommunen. Ähnliches gilt für die ablehnende Haltung der Kommunen gegenüber den Versuchen der britischen Regierung, die Windparks auszuweiten. Die Menschen wollten sie einfach nicht, aus ästhetischen Gründen oder wegen der Lärmbelästigung, und angesichts der Belege für ein inhärent schlechtes Verhältnis von tatsächlicher Verfügbarkeit zu installierter Windkraftkapazität, die, wie weiter oben erwähnt, nur bei permanent sehr viel höheren Energiepreisen oder permanent beibehaltener Subventionierung durch die Steuerzahler rentabel ist, sind sie auch immer weniger davon zu überzeugen, dass die von ihnen geopferte Landschaft oder Ruhe irgendeinem sinnvollen Zweck dient.

So könnte es zu einer Wiederbelebung der Kernenergie kommen. In den USA kündigte Präsident Obama neue Kredite für die Industrie an, und in Großbritannien, Japan und China betrachtet man die Kernenergie ohnehin als eine der wichtigsten $CO_2$-armen Energiequellen. Der Bau neuer Kraftwerke ist jedoch wegen realer wie eingebildeter Bedenken, die die Sicherheit, die Atommüllentsorgung und die Strahlung betreffen, immer noch weitaus teurer als der Bau von Kohlekraftwerken oder Kraftwerken für andere fossile Brennstoffe (Deutch et al. 2009).

Also steht es schlecht um die schon einmal in Sichtweite scheinende primäre Energieversorgung auf Basis $CO_2$-armer Technologien.

Für uns heißt das: So lange es bei der Technologie und beim Preis einen derart großen Abstand zwischen fossilen Brennstoffen und $CO_2$-armer Energie gibt, ist anzunehmen, dass sich in den Teilen der Welt, in denen die Wirtschaft besonders rasch wächst, die Abhängigkeit von fossilen Brennstoffen eher noch verstärken wird. Zwar nimmt China zur Zeit vermehrt Kraftwerke für erneuerbare Energien und Kernkraftwerke in Betrieb, natürlich nicht nur wegen des geringeren $CO_2$-Ausstoßes, sondern unter anderem auch um sich eine bessere Energieversorgung zu sichern, die Luftverschmutzung zu reduzieren und seinen Status als Marktführer auszubauen. Aber China treibt die Nutzung von erneuerbaren Energien nicht schnell genug voran, um seine kohlebasierte Stromerzeugung wesentlich verlangsamen, geschweige denn ersetzen zu können. Wie Indien hat China ganz klar gesagt, dass es keine externen Beschränkungen seiner Wachstumsrate akzeptieren wird, und ein Großteil dieses Wachstums basiert nach wie vor auf der erweiterten Nutzung fossiler Brennstoffe. Nicht viel anders ist die Situation in einem Großteil der Entwicklungsländer.

Unter dem Strich wird es also bei der Beschleunigung der Entkarbonisierung der globalen Wirtschaft so lange wenig Fortschritte geben, wie die $CO_2$-arme Energieversorgung nicht durchgängig billiger wird und eine verlässliche Versorgung gewährleistet. Dies setzt eine signifikante schrittweise Verbesserung der derzeit verfügbaren $CO_2$-armen Technologien voraus. Kurz, was wir brauchen, ist ein zündender Funke, der eine Revolution der Energietechnologie[22] in allen derzeit aktiven Bereichen in Gang setzt: für Sonnenkollektoren, die Sonnenlicht effizienter in Elektrizität umwandeln; für Biobrennstoffe, die billig anzubauen sind, ohne intensive Zuführung von fossilen Brennstoffen auskommen und keine Opportunitätskosten bei der Nahrungsmittelproduktion verursachen; und für Batterien, deren Herstellung weniger energieintensiv ist und die sehr viel mehr Energie auf sehr viel geringerem Raum speichern können. Bei der Windenergie ist angesichts der geringen Energiedichte jedes einzelnen Windgenerators, die ein schlichtes physikalisches Faktum ist, wenig zu machen außer diese zu kompensieren, indem man sehr viele Generatoren in unbewohnten oder Wüstengegenden aufstellt, wo der Wind konstant und in den richtigen Windstärken weht (zum Beispiel in der Mongolei oder der Sierra Nevada) und wo es das oben beschriebene Transportwegeproblem nicht gibt. Solche Gegenden sind nicht eben häufig. Bei der Kernenergie müssten die Kernkraftwerke viel billiger werden, also vermutlich kleiner, für die Serieproduktion geeignet und strahlungssicher sein und eine befriedigende Lösung für die Lagerung, Aufbereitung oder sonstige Entsorgung ihres eigenen Mülls finden.

Damit sind die Effizienzsteigerung von Sonnenkollektoren, die höhere Energiedichte von Batterien und Brennstoffzellen, die Entwicklung von (zellulosischen) Biobrennstoffen der dritten Generation und die Lösung von Konstruktions- und Materialproblemen im Zusammenhang mit der Serienproduktion von kleinen, autarken Kernkraftwerken klare technische Herausforderungen, auf die sich die Forschung, Entwicklung und Anwendung im Bereich erneuerbare Energie konzentrieren muss. Diese Verbesserungen müssen Kostensenkungen und Leistungssteigerungen einschließen, die ohne eine entschiedene staatliche Beteiligung nicht zu erreichen sind.

Bei alledem muss der Staat aus mehr als einem Grund eine Führungsrolle übernehmen. Erstens, privatwirtschaftliche Investitionen in die Forschung und Entwicklung im Energiesektor sind weltweit ungewöhnlich niedrig, weil es we-

---

22 Nach der schönen Formulierung des Titels von (Weiss und Bonvillian 2009).

nig Innovationsanreize gibt. In den USA investieren Pharmaunternehmen 20% in Forschung und Entwicklung, die Informationstechnologie 15% und die Halbleiterindustrie 16%, die Energieunternehmen hingegen 0,23% (National Science Board 2o1o, Anhang Tab. 4-14). Die Gründe für die niedrigen Investitionen im Energiebereich liegen auf der Hand: Energie ist billig, und die eine Quelle für ein Elektron oder eine BTU (British Thermal Unit) ist so gut wie die andere. Dagegen belaufen sich die staatlichen Investitionen für Forschung und Entwicklung im Gesundheitsbereich heute auf jährlich 30 Milliarden Dollar, und die Investitionen der Privatwirtschaft sind fast zweimal so hoch, weil eine alternde Bevölkerung neue Behandlungsformen für viele unheilbare, akute und chronische Erkrankungen braucht (National Science Board 2010, Anhang Tab. 14-17; Nemet und Kammen 2007).

Zweitens, die – im Vergleich etwa zur Softwareentwicklung - hohen Kapitalkosten, die mit den Energietechnologien verbunden sind, sind ein enormes Hindernis für privatwirtschaftliche Investitionen in neue, kostspielige und noch nicht erprobte Technologien.

Die Barrieren, die der privatwirtschaftlichen Entwicklung neuer Energietechnologien entgegenstehen – hohe Kapitalkosten, geringe Produktdifferenzierung beim Endverbrauch, begrenzter Vorteil für Vorreiter, niedrige Kosten bestehender Energiequellen, weite Verbreitung und optimierter Betrieb bestehender Technologien –, dürften zu hoch sein und bleiben. So wurden denn auch praktisch alle existierenden $CO_2$-armen Technologien vom öffentlichen und nicht vom privaten Sektor entwickelt.[23]

Frankreich und Schweden haben durch den staatlichen Ausbau der Kernkraft bzw. der Wasserkraft stärker als alle anderen Länder entkarbonisiert. Dagegen haben der EU-Emissionshandel (*European Union Emission Trading System*, EU ETS) und andere preis- und marktbasierte Strategien keinen wesentlichen Schub bei der Entwicklung oder dem Einsatz von Technologien für erneuerbare Energien bewirkt, trotz der Einführung des vielgepriesenen, aber immer wieder kippenden „$CO_2$-Aufschlags". (In der kurzen Geschichte des Emissionshandels ist er schon drei Mal gescheitert.) (Mitsubishi Research Institute 2010; Helm 2009a; Helm 2009b) Dem Beispiel Frankreichs bzw. Schwedens sind zwei weitere wichtige Lehren zu entnehmen. Die allgemeine Lehre ist: Regierungen dür-

---

23 Zur frühen staatlichen Unterstützung für Technologien für erneuerbare Energien und Kernkraft in den USA, siehe (Laird 2001; Aki et al. 2009).

fen Innovationen nicht nur als *Push*-Faktor beeinflussen, also nicht nur Forschung und Entwicklung fördern, Standards festlegen oder Vorzeigobjekte finanzieren; sie müssen auch als *Pull*-Faktor wirken, nämlich als früh einsteigende, zahlende Großkunden. Tatsächlich war in den meisten wichtigen Bereichen der neuen Technologien seit dem 2. Weltkrieg, von Flugzeugmotoren und Düsentriebwerken bis zu Telekommunikationssystemen und Informationstechnologien, der Staat als Kunde für neue Technologien ein zentraler – wenn nicht *der* zentrale – Katalysator für technologische Innovationen (vgl. Ruttan 2006; Naughton 2000). Das gilt - aus den genannten Gründen - erst recht für die Energietechnologien. Die besondere Lehre ist: Wir haben es mit einem klassischen „Capability"-Brown-Fall zu tun. In beiden Ländern gab es starke andere Handlungsmotivationen, bei denen das Stromprogramm als Nebennutzen abfiel. In Frankreich kam der primäre Antrieb bekanntlich daher, dass die Gaullisten nach dem Suez-Debakel von 1956 der Meinung waren, Frankreich dürfe nie wieder wegen der Sicherung seiner Energieversorgung zur Geisel englischsprachiger Mächte werden.

Der Ausbau stark subventionierter emissionsarmer Technologien in einer Größenordnung, die signifikante Auswirkungen auf die Entwicklung der globalen $CO_2$-Emissionen hätte, dürfte mit ziemlicher Sicherheit harten politischen und ökonomischen Zwängen unterliegen, vor allem auch in den Entwicklungsländern, aus denen der Großteil der Emissionen kommen wird. Explizites Ziel und oberste Absicht der Strategien zum Einsatz solcher Energien muss daher die energisch vorangetriebene Senkung der Kosten sein. Die stetige Senkung der *nicht subventionierten* Kosten von umweltverträglichen Energietechnologien muss der Maßstab dafür sein, welche Technologien sich langfristig entfalten und welche auf der Strecke bleiben.

## 6 Wie das bezahlt werden kann: Argumente für eine niedrige, zweckgebundene $CO_2$-Steuer

Neuere Erfahrungen deuten vermehrt darauf hin, dass es zwar so aussieht, als sei die direkte Besteuerung über die Festlegung eines $CO_2$-Preises der beste Weg, um das Konsumentenverhalten zu ändern, dass jedoch der Energiebedarf ziemlich unelastisch ist und es sich als unmöglich erwiesen hat, eine $CO_2$-Steuer einzuführen, die sowohl den Bedarf wirksam reduzieren bzw. die Innovation wirksam stimulieren kann, als auch von demokratischen Wählern akzeptiert oder sogar positiv aufgenommen wird.

Der direkte Ansatz über die Einführung eines $CO_2$-Preises weist vier Schwachstellen auf.

Erstens, der ökonomischen Theorie zufolge müssten für eine wirksame Lösung die marginalen Emissionskosten gleich den von Emissionen verursachten marginalen Schadenskosten sein. Schätzungen auf Grundlage entsprechender Klimaschadensfunktionen sind äußerst schwierig und umstritten und schwanken zwischen einem Preis von 15 US-Dollar/t und 300 US-Dollar/t $CO_2$.

Bei der Bewertung von Ausmaß und Zeitpunkt der von den heutigen Emissionen verursachten Schäden spielt nicht nur die mit jedem Klimamodell verbundene Ungewissheit eine Rolle, sondern auch der Preis für Kollektivgüter (Landschaften, Artenreichtum usw.), der eine subjektiv Größe ist. Aber auch wenn man davon ausgeht, dass eine Einigung auf einen „wirksamen" $CO_2$-Preis möglich ist, beispielsweise rund 40 US-Dollar/t $CO_2$, tauchen sofort neue Hindernisse auf (Tol 2009).

Zweitens, das Unvermögen, zu einem globalen politischen Konsens für das Betreiben eines $CO_2$-Marktes zu gelangen, schafft, wie die europäische Erfahrung zeigt, einen signifikanten Anreiz zur Verlagerung der Produktion aus $CO_2$-regulierten in nicht $CO_2$-regulierte Volkswirtschaften; und innerhalb der $CO_2$-regulierten Region einen Anreiz, die Regelungen zu umgehen oder so gering wir möglich zu halten (Helm 2009b).

Drittens, in dem bislang am weitesten entwickelten Experiment dieser Art, der EU ETS, gab es außerdem das Problem, dass das Wunsch der Regierungen, sagen zu können, sie nähmen die Entkarbonisierung ernst, schlicht mit einem stärkeren Wunsch in Konflikt geriet, nämlich die Wähler nicht zu verprellen. Das machte den *Clean Development Mechanism* (CDM, Mechanismus für umweltverträgliche Entwicklung) mit seinen Gegenrechnungs-Spielchen politisch so nützlich wie attraktiv (Helm 2009b; Robinson und O'Brien 2007).

Viertens, und vielleicht von der Sache her am wichtigsten, es fehlen, wie im vorigen Abschnitt gezeigt, „grüne" technologische Alternativen. Es ist falsch anzunehmen, das Gros der Firmen würde sich durch einen $CO_2$-Preis veranlasst sehen, die erforderliche Forschung und Entwicklung zu betreiben (Nemet 2009). Der Grund ist so einfach wie durchschlagend: Grundlagenforschung, Entwicklung und Demonstration kann man sich nicht so leicht patentieren lassen. Also gibt es für den Markt keinen Anreiz, sie zu finanzieren. Das haben die endlosen

Auseinandersetzungen in der Pharmaindustrie, bei denen es meist um die Kontrolle und Freigabe von geistigem Eigentum ging, nur allzu deutlich gezeigt. Da, wie oben ausgeführt, eine Revolution der Energietechnologie meist genau solche Forschungs-, Entwicklungs- usw. -investitionen voraussetzt, kommt es entscheidend auf eine langfristige staatliche Finanzierung an; und deshalb ist eine zweckgebundene $CO_2$-Steuer so wichtig.

Die japanische Stahlindustrie in unserem Fallbeispiel ist zwar *best practice*, aber die Ausnahme und keineswegs die Regel. Ebenso *best practice* und noch keine Norm ist der sektorale Ansatz zur Schaffung fairer Wettbewerbsbedingungen. Die meisten Firmen würden auch bei hohen $CO_2$-Preisen vermutlich keine Forschung in der erforderlichen Größenordnung betreiben, sondern lieber einfach die Produktion in Länder verlegen, wo die Arbeitskosten niedriger und die Regelungen nicht so streng sind, oder in das Hütchenspiel mit den Emissionsrechten einsteigen. Was auch heißt, dass jeder restriktiv hohe Preis für Emissionen oder jede „Deckelung" entweder eine Verlangsamung des Wirtschaftswachstums oder eine Verlagerung aller „schmutzigen" Industrien zur Folge hätte, das so genannte „carbon leakage". Und beides, vor allem letzteres, hat sich in der Praxis bestätigt.

Wenn also die Innovationsanstrengungen zunächst vom Staat finanziert werden müssen (der dann überwiegend Privatunternehmen damit beauftragt), dann sollte zu ihrer Finanzierung eine „ineffiziente" (im strikt theoretischen Sinne) Steuer in Betracht gezogen werden: eine Steuer also, die nicht so hoch ist und auch nicht sein soll wie die durch Emissionen verursachten marginalen Schadenskosten. Dazu schlagen wir eine niedrige, zweckgebundene $CO_2$-Steuer vor, die nicht wie der einst populäre „Cap & Trade"-Ansatz (Emissionshandel mit festen Obergrenzen) mit dem Versuch begründet wird, das kurzfristige Verbrauchsverhalten zu ändern (siehe hierzu Helm und Hepburn 2009, Kap. 2 und Teil IV; Economist 2010c, S. 48). Zu betonen ist auch, dass die von uns vorgeschlagenen Steuer nach Form und Zweck völlig anders geartet ist als die im September 2009 von der französischen Regierung vorgeschlagene, im Januar 2010 vom Verfassungsgericht gestoppte und am 23. März 2010 von Präsident Sarkozy gekippte $CO_2$-Steuer (Le Monde 2010a, 2010b, S. 1-3; Davies 2010; Evans-Pritchard 2010, S. B8). Die Franzosen hatten richtig erkannt, dass eine gesamteuropäische Steuer nicht so leicht und nicht so bald zustande kommen würde und dass in nationalem Rahmen gehandelt werden musste. Aber das erklärte Ziel war, das Verhalten signifikant zu ändern und die Macht der französischen Exekutive zu nutzen, um eine Steuer einzuführen, die sich dann auch in der übrigen EU durchsetzen würde. Diese Steuer wäre damit auch ein Präzedenzfall für die EU-Steuerharmonisierung. So war sie mit mehreren Deutungsrahmen verknüpft und polarisierte dementsprechend stark: energisch befürwortet oder energisch abgelehnt, je nach Klientel.

Unsere Strategie ist bescheidener und spezifischer. Die Regierungen würden ihre politischen Prioritäten ändern. Statt sich wie beim „Kyoto"-Protokoll auf Emissionsziele zu fixieren, gäbe es glaubwürdige, langfristige, globale Festlegungen und Methoden zugunsten innovationsbasierter Investitionen im Energiebereich (Galiana und Green 2009a, S. 570-571). Eine langsam ansteigende, aber anfänglich niedrige $CO_2$-Steuer hätte den Vorteil, dass negative Wachstumseffekte vermieden werden. Uns ist bewusst, dass Politiker im Allgemeinen und Finanzministerien im Besonderen vom Prinzip der zweckgebundenen Steuer gewöhnlich nichts halten, weil ihnen dann die Hände gebunden sind. Wir sehen darin gerade einen der Vorzüge solcher Steuern, weil das Problem auf diese Weise als politischer Zankapfel entschärft wird und helfen könnte, das Vertrauen der Öffentlichkeit zu einem Zeitpunkt zurückzugewinnen, zu dem die Politiker in vielen Demokratien nicht gerade viel Kredit haben. Das ist alles andere als hypothetisch. Im *Union Budget* vom Februar 2009 hat der indische Finanzminister, Pranab Mukherjee (2010, Absatz 66 und 154 der Rede), einen *National Clean Energy Fund* (Nationaler Fond für erneuerbare Energien) eingerichtet, der zur Förderung von Forschung und Entwicklung dienen und über eine Steuer von 50 Rupien/t Kohle, heimische wie importierte, finanziert werden soll.

Natürlich ist uns auch bewusst, dass dann geeignete Arrangements getroffen werden müssen, um die Einnahmen aus der zweckgebundenen $CO_2$-Steuer zu verwalten und die Investitionen zu steuern. Innovative Modelle liegen vor. Wir geben Beispiele, keinen fertigen Plan. So zeigt zum Beispiel die Erfahrung, wie wir meinen, dass in diesem Bereich nationale Maßnahmen eher wirken als globale. Vor allem China, Indien und die USA stehen multilateralen Ansätzen skeptisch gegenüber. Nichtsdestoweniger kommt dem Vorgehen des *Global Fund to Fight AIDS, Malaria and TB* (GFATM, Weltweiter Fonds zur Bekämpfung von AIDS, Malaria und TB) besondere Bedeutung zu, weil auch er vor der Notwendigkeit einer wirksamen Förderung der Grundlagenforschung stand. Er umging das Dilemma einer Vorauslese der „Gewinner", indem er ausdrücklich darauf verzichtete, bevorzugte Forschungsmodelle zu nennen. Erwünscht waren vielmehr Bewerbungen mit medizinischen Modellen für neue Medikamente, neue

Behandlungsformen usw. Der Fonds verwendete Zeit und Geld auf hochkarätige, intensive Gutachterverfahren mit *Technical Reviews Panels*, arbeitete mit Bewerbern zusammen und investierte dann in die angenommenen Projekte, indem er die Mittel jeweils sukzessive bewilligte, das heißt, die Förderung bei Erfolg fortsetzte und bei Misserfolg abbrach.[24] Weitere Beispiele sind die *Global Alliance for Vaccines and Immunisation* (GAVI, Weltweite Allianz für Impfstoffe und Impfungen), die vor kurzem die Einrichtung eines *Advanced Market Commitment* bekannt gab (ein Programm, bei dem das Geld nur gezahlt wird, wenn die Entwicklungsländer den Impfstoff später auch bestellen), um der Pharmaindustrie einen Anreiz zur Entwicklung von Impfstoffen für arme Länder zu bieten, und die *Consultative Group on International Agricultual Research* (CGIAR, Beratungsgruppe Internationale Agrarforschung), also die Gruppe der innovativen regionalen Forschungseinrichtungen, die die wissenschaftlichen und technologischen Voraussetzungen für die *Green Revolution*, die Agrarrevolution, geschaffen haben. Interessant ist auch, für welche Form der Administration der Einnahmen aus der neuen, zweckgebundenen Kohlesteuer sich die indische Regierung entscheiden wird.

Der Gedanke, der hinter dem Modell des *Global Fund* steht, ist innovativ und hat, wie wir meinen, viel für sich. Wir betrachten ihn daher als Beispiel, das zeigt, wie auf neue Herausforderungen institutionell innovativ reagiert werden kann. Entsprechende Formen können gefunden und müssen entwickelt werden. Die drei Beispiele zeigen, dass solche Herausforderungen zu bewältigen sind.

Die vorgeschlagene zweckgebundene CO2-Steuer würde verwendet werden, um $CO_2$-arme oder $CO_2$-freie Technologien zu konzipieren, zu entwickeln und zu demonstrieren. Sie wäre ein verlässliches und sicheres Mittel zur Finanzierung der für die Entkarbonisierung entscheidenden Forschung und Entwicklung. Als allmählich ansteigende Steuer würde sie ein zukunftsorientiertes Preissignal setzen, das ein Anreiz für Unternehmen wäre, $CO_2$-ärmere Technologien aufzugreifen und firmenspezifisch anzupassen (Galiana und Green, 2009b). Diese beiden Merkmale der CO2-Steuer – Zweckgebundenheit und langsamer Anstieg - dürften der schnellste Weg sein, um zu einer $CO_2$-armen Volkswirtschaft zu kommen.

Der Erfolg einer zweckgebundenen CO2-Steuer wird weitgehend von der Fähigkeit der politisch Verantwortlichen abhängen, vergangene Fehler zu erken-

---

24 www.theglobalfund.org

nen, die Steuer niedrig zu halten, sodass die Wähler sie akzeptieren können, die Steuereinnahmen überzeugend für den ihnen zugedachten Zweck zu verwenden und ebenso überzeugend innovative Institutionen in die Lage zu versetzen und sie dabei zu unterstützen, Investitionen effizient zu verwalten. Wie weiter oben gesagt, legen historische Präzedenzfälle nahe, dass den Regierungen außerdem die wichtige Rolle des Erstkunden zufällt – nicht zu verwechseln mit der im allgemeinen wenig erfolgreichen Vorauslese von „Gewinner"-Technologien und der Verzerrung der Märkte durch Subventionen.

Maßgebend für alle diese Beispiele ist der Grad, in dem das „Kaya Direct"-Modell helfen kann, das Vertrauen der Öffentlichkeit zurückzugewinnen. Das wiedergewonnene Vertrauen der Öffentlichkeit ist, wie zu Beginn dieses Papiers betont, die unentbehrliche Voraussetzung überhaupt jeder produktiven Einflussnahme auf das lebenswichtige, komplexe und bislang gravierend missverstandene und falsch gehandhabte Thema Klimapolitik.

**Was Sie aus diesem Essential mitnehmen können:**

- Eine erfolgreiche Entkarbonisierung kann nur als Nebeneffekt einer Neuausrichtung der Klimapolitik erreicht werden.
- Die Grundlage dafür bildet die Menschenwürde als Leitgedanke.
- Die drei daraus folgenden Hauptziele zur Neuausrichtung der Klimapolitik sind:
  - Den universellen Zugang zur Energie gewährleisten
  - Umweltfreundliche Energie fördern (Schutz vor Klimatreibern)
  - Risikomanagementfähige Gesellschaften fördern (Klima-Risiko-Adaption)

# Schluss

Ziel dieses Papiers war eine an der Menschwürde orientierte Neuformulierung der Klimaproblematik. Nicht nur, weil sie nobel oder nett oder nötig ist – obwohl sie auch das alles ist –, sondern weil sie mehr bewirken dürfte als der gerade gescheiterte Ansatz bei den Klimasünden der Menschen. Die Gewährleistung des Zugangs zu kostengünstiger Energie für alle, auch für die ganz Armen, ist wahrhaft und buchstäblich befreiend. Resilienz gegenüber überraschenden und extremen Klimaentwicklungen aufzubauen ist praktischer Ausdruck einer wahrhaft globalen Solidarität. Die Verbesserung der Qualität der Luft, die die Menschen einatmen, ist ein unbestreitbares Kollektivgut. Eine solche Neuorientierung erfordert ein radikales Umdenken, gefolgt von einer Neuausrichtung der klimapolitischen Agenda. Wie „Capability" Brown haben wir argumentiert, dass die besten Wege zu praktischen und nicht nur rhetorischen Fortschritten bei der Entkarbonisierung der Weltwirtschaft die indirekten sind. Um dieses Ziel zu erreichen, empfehlen wir eine innovationszentrierte Strategie, finanziert über eine zweckgebundene CO2-Steuer, deren Höhe politisch akzeptabel sein muss und also (wie uns die jüngst von der französischen Regierung gekippte $CO_2$-Steuer lehrt) ziemlich niedrig ausfallen dürfte. Wir meinen, dass ein solcher Deutungsrahmen das größte Potenzial für eine erfolgreiche Einwirkung auf jedes – und damit alle – dieser Probleme bietet. Dies für unsere drei übergreifenden Ziele im Detail auszuführen, würde den Rahmen dieses Papiers und überhaupt jedes Einzelbeitrags sprengen. Es war auch nicht unsere Absicht. Wir schreiben dieses Papier als ein erstes, nicht letztes, Wort zu der von uns vertretenen radikalen Neuformulierung.

Eine solche Neuformulierung der Klimaproblematik bedeutet auch, die Vorstellung aufzugeben, dass sich alle möglichen sonstigen politischen Ziele erreichen lassen, indem man sich das Juwel einer globalen $CO_2$-Politik mit unzähligen Facetten zurechtschleift, das dann so faszinierend blitzt und blendet, dass sie alles andere mitreißt. Das kann eine globale $CO_2$-Politik nicht leisten und hat sie nicht geleistet. Vielmehr muss der „Kyoto"-Typ einer alles umfassenden Klimapolitik, wie sie sich Ende 2009 darstellte, wieder in lauter separate Probleme aufgebrochen werden, die dann jeweils für sich und auf eine ihnen gemäße Weise anzugehen sind. Anpassung, Wälder, Artenvielfalt, Luftqualität, Gleichbehandlung und die vielen anderen disparaten Agenden, die an die Klimaproblematik angehängt wurden, müssen wieder für sich stehen. Wir meinen, dass sich damit in vielen Fällen eher politische Handlungsmöglichkeiten auftun dürften, als es mit einer $CO_2$-Politik, der die ganze Last unserer Hoffnungen auf eine bessere Zukunft aufgebürdet wurde, in den letzten Jahren der Fall war. Und es bedeutet, nicht weniger wichtig, dass der Fortschritt nicht von einem einzigen politischen Deutungsrahmen abhängig gemacht werden darf. Wenn es mit der Politik zur Verbesserung der Luftqualität eine Zeit lang oder an einem bestimmten Ort nicht weitergeht, dann kann stattdessen vielleicht die Politik der Anpassung an die Klimaeinflüsse zum Zuge kommen.

Auch die Strategien zum Umgang mit den menschlichen Einflüssen auf das Klima müssen unter bewusster Wahrnehmung und Berücksichtigung ihrer schieren Vielfalt wieder voneinander getrennt werden. Wir werden ein ganzes Spektrum von Strategien und Methoden brauchen. Manche sind schon heute vorhanden und anwendbar; andere sind erst noch zu entwickeln.

Der Klimawandel stellt eine Herausforderung dar, die niemals „gelöst" sein wird. Aber, und darauf kam es uns in diesem Papier immer wieder an, wir können besser oder schlechter mit ihm umgehen. Wir wollen besser mit ihm umgehen. Deshalb legen wir dieses Papier als eine Art Leitfaden vor, der zeigt, wie die Menschheit unserer Meinung nach diese wichtige Aufgabe wirkungsvoller bewältigen kann.

# Literaturverzeichnis

Agarwal A, Narain S (1991) Global Warming in an Unequal World: A case of environmental colonialism. Centre for Science and Environment, New Delhi.

Aki H, Arnold Z, Bennett G, Knight C, Lin A, Walton T, Zemel A (2009) Case Studies in American Innovation. Breakthrough Institute.

Bera SS, Francisco JS, Lee ST (2009) Identifying the molecular origin of global warming. In: J. Phys. Chem. A, 113:12694.

Berlin I (1978) The decline of utopian ideals in the West. In: Hardy H (Hrsg) The Crooked Timber of Humanity: Chapters in the History of Ideas. Pimlico, London 1990.

Bond TC, Sun HL (2005) Can Reducing Black Carbon Emissions Counteract Global Warming? Environ. Sci. Technol., 39:5921–5926.

Brimblecombe S (2002) Fifty years on from the Clean Air Act. School of Environmental Sciences, UEA, http://www.iapsc.org.uk/presentations/1206_P_Brimblecombe.pdf Zugegriffen: 2. Mai 2010.

Davies L (2010) Nicholas Sarkozy under fire after carbon tax plan shelved. In: The Guardian, 23. März 2010, http://www.theguardian.com/world/2010/mar/23/nicolas-sarkozy-carbon-tax-france, Zugegriffen: 24. März 2010.

Deutch JM, Forsberg CW, Kadak AC, Kazimi MS, Moniz EJ, Parsons JE (2009) Update of the MIT 2003 Future of Nuclear Power http://web.mit.edu/nuclearpower/pdf/nuclearpower-update2009.pdf Zugegriffen: 24. März 2010.

Eastin J, Grundmann R, Prakash A (2010) The Two Limits Debates: Limits to Growth and Climate Change Futures. doi: 10.1016/j.futures.2010.03.001.

Evans-Pritchard A (2010) French unrest sees the end of carbon tax. In: The Daily Telegraph, 24. März, 2010, S. B8.

Foley JA, DeFries R, Asner GP, Barford C, Bonan G, Carpenter SR, Chapin FS, Coe MT, Daily GC, Gibbs HK, Helkowski JH, Holloway T, Howard EA, Kucharik CJ, Monfreda C, Patz JA, Prentice IC, Ramankutty N, SnyderPK (2005) Global consequences of land use. In: Science 309:570-574.

Galiana I, Green C (2009a) Let the global technology race begin. In: Nature 462:570–571.

Galiana I, Green C (2009b) An Analysis of a Technology-led Policy as a Response to Climate Change. http://fixtheclimate.com/component-1/the-solutions-new-research/research-and-development Zugegriffen: 12. Februar 2010

Gerlach LS, Rayner S (1988) Culture and the Common Management of Global Risks. In: Practicing Anthropology, 10(3):15–18.

Girod B, Wiek A, Mieg H, Hulme M (2009) The evolution of the IPCC's emissions scenarios. In: Environ. Sci. Policy 12(2): 103–118, doi: 10.1016/j.envsci.2008.12.006.

Gore A (2007) Wir müssen aufpassen, dass wir den politischen Willen nicht von Aufgabe Nr. 1 abziehen, der Prävention, und ihn für Anpassung vergeuden. In: Time Magazine, http://205.188.238.109/time/specials/2007/personoftheyear/article/0,28804,1690753_1695417_1695747,00.html Zugegriffen: 12. April 2010

Grieshop AS, Reynolds CCO, Kandlikar M, Dowlatabadi H (2010) A black-carbon mitigation wedge. Nature Geosciences 2:533–534.

Haas SM (1992) Introduction: Epistemic Communities and International Policy Coordination. In: International Organisation 46(1):1-35.

Hadley Centre Met Office (2009) Science: Driving our Response to Climate Change. Exeter, Devon.

Hansen J, Nazarenko L (2003) Soot climate forcing via snow and ice albedos. In: Proc. Nat. Acad. Sci. (PNAS) 101:423–428.

Hansen JE, Johnson D, Lacis A, Lebedeff S, Lee P, Rind D, Russell G (1981) Climate impact of increasing atmospheric carbon dioxide. Science 213:957–966.

Hayek FA (1960) The Constitution of Liberty. Routledge, London.

Helm D (2009a) Climate change policy: why has so little been achieved? In: Helm D,

Hepburn C (Hrsg) The Economics & Politics of Climate Change. OUP, Oxford.

Helm D (2009b) EU climate-change policy – a critique. In: Helm D, Hepburn C (Hrsg) The Economics & Politics of Climate Change. OUP, Oxford.

Helm D und Hepburn C (Hrsg) (2009) The Economics & Politics of Climate Change. OUP, Oxford.

Hoffert MI, Caldeira K, Jain AK, Haites EF, Harveyk LDD, Potter SD, Schlesinger ME, Schneider SH, Watts RG, Wigley TML, Wuebbles DJ (1998) Energy Implications of Future Stabilization of Atmospheric $CO_2$ Content. In: Nature 395(6705):881–884.

Hoffert MI, Caldeira K, Benford G, Criswell DR, Green C, Herzog H, Jain AK, Kheshgi

HS, Lackner KS, Lewis JS, Lighfoot HD, Manheimer W, Mankins JC, Mauel ME, Perkins LJ, Schlesinger ME, Volk T, Wigley TML (2002) Advanced Technology Paths to Global Climate Stability: Energy for a Greenhouse Planet. In: Science, 298(5595):981–987 doi: 10.1126/science.1072357.

Houghton RA, Hackler JL (2001) ORNL/CDIAC-131, NDP-050/R1. Oak Ridge National Laboratory: Oak Ridge, TN.

Hulme M (2009) Why we Disagree about Climate Change. CUP, Cambridge.
IEA (2008) Energy Technology Perspectives 2008: Scenarios & Strategies to 2050. Paris.
IPCC (2007) Summary for Policymakers. In: Climate Change 2007: The Physical Science Basis. Contribution of Working Group I to the Fourth Assessment Report of the Intergovernmental Panel on Climate Change. Cambridge University Press, Cambridge, United Kingdom and New York, NY, USA.
Ipsos Mori-Umfrage (2010) Climate change omnibus, 2010. 24. Februar 2010, http://www.ipsos-mori.com/Assets/Docs/Polls/poll-climate-change-omnibus-results-january-2010.pdf Zugegriffen: 20. April 2010.
Jacobson MZ (2001) Strong radiative heating due to the mixing state of black carbon in atmospheric aerosols. In: Nature 409:695-697.
Japan Iron and Steel Federation (2009) Measures for Post Kyoto (Japanisch), http://www.jisf.or.jp/business/ondanka/kouken/post-kyoto/index.html Zugegriffen: 5. Mai 2010.
Kellner S (2010) Climate change a low priority for most Britains (sic). YouGov, Founder's Blog, 6. Jan. 2010, http://shakespeare.yougov.com/2010/01/06/peter-kellner-climate-change-a-low-priority-for-most-britains/ Zugegriffen: 23. April 2010.
Kinver M (2010) Climategate e-mails inquiry under way. BBC News, 11. Februar 2010, http://news.bbc.co.uk/1/hi/8510498.stm. Zugegriffen: 11. Februar 2010
Kuhn T (1968) The Structure of Scientific Revolutions. University of Chicago Press, 1968.
Laird FN (2001) Solar Energy, Technology Policy, and Institutional Values. CUP, Cambridge.
Legett J (2010) I accept George Monbiot's £100 solar PV bet. In: The Guardian, 9. März 2010, http://www.theguardian.com/environment/cif-green/2010/mar/09/george-monbiot-bet-solar-pv. Zugegriffen: 9. März 2010.
Le Monde (2010a) Taxe carbone: la fin de l'ambition écologique. In: Le Monde, 25. März 2010, S 1-3.
Le Monde (2010b) Qui a tué la taxe carbone? Le Monde, 25. März 2010, S 1–3.
Lodge T (2009) Step off the gas: why overdependence on gas is bad for the UK. CPS, Hertfordshire.
Lovelock JE FRS (1979) Gaia: A New Look at Life on Earth. OUP, Oxford.
Luhmann N ([1993] 2005) Risk: A Sociological Theory. With A New Introduction by Nico Stehr and Gotthard Bechmann. New Jersey: Aldine Transaction, New Brunswick.
Malone E, Rayner S (1998) Human Choice & Climate Change. Bd. IV, „What have we learned?", Battelle, 1998.

Mitsubishi Research Institute (2010) The European Union Emission Trading Scheme: a status report. Tokyo.

Molina M, Zaelke D, Sarma KM, Andersen SO, Ramanathan V, Kaniaru D (2010) Reducing abrupt climate change risk using the Montreal Protocol and other regulatory actions to complement cuts in $CO_2$ emissions. In: Proceedings of the National Academy of Sciences, doi/10.1073/pnas.0902568106.

Montford AW (2010) The Hockey Stick Illusion. Stacey International, London.

Mukherjee P (2010) Budget Speech. 26. Februar 2010, http://indiabudget.nic.in/ub2010-11/bs/speecha.htm Zugegriffen: 5. März 2010.

National Science Board (2010) Science and Engineering Indicators 2010. VA: National Science Foundation (NSB 10-01), Arlington.

Naughton J (2000) A Brief History of the Future: the Origins of the Internet. Weidenfeld & Nicholson, London.

Nemet GF (2009) Demand-pull, Technology-push, and Government-led Incentives for Non-Incremental Technical Change. In: Research Policy, Bd. 38:700–709.

Nemet GF, Kammen DM (2007) U.S. Energy Research and Development: Declining Investment, Increasing Need, and the Feasibility of Expansion. In: Energy Policy 35:746–755.

Newport F (2010) Americans' Global Warming Concerns Continue to Drop: Multiple indicators show less concern, more feelings that global warming is exaggerated. Gallup Annual Update, 11. März 2010, http://www.gallup.com/poll/126560/Americans-Global-Warming-Concerns-Continue-Dros.aspx Zugegriffen: 3. Mai 2010.

NOAA (2010) Trends in Atmospheric Carbon Dioxide: Mauna Loa, Hawaii. http://www.esrl.noaa.gov/gmd/ccgg/trends/. Zugegriffen: 5. April 2010

Nordhaus T, Shellenberger M (2007) Breakthrough: From the death of environmentalism to the politics of possibility. Houghton Mifflin, Orlando.

O'Riordan T, Cooper CL, Jordan A, Rayner S, Richards KR, Runci P, Yoffe S (1998) Institutional frameworks for political action. In Rayner S, Malone EL (Hrsg) Human Choice and Climate Change. Bd. 1, Battelle Press, Columbus, S 345–439.

Parry ML, Arnell N, Hulme M, Nicholls RJ, Livermore M (1998) Adapting to the Inevitable. In: Nature 395:741.

Persson UM, Azar C (2010) Preserving the world's tropical forests – a price on carbon may not do. Environ. Sci. Technol. 44:210–215.

Prins G, Rayner S (2007) The Wrong Trousers: Radically rethinking climate policy. LSE,Oxford.

Prins G, Cook M, Green C, Hulme M, Korhola A, Korhola ER, Pielke Jr R, Rayner S, Sawa A, Sarewitz D, Stehr N, Storch Hv (2009) How to get climate policy back on course. LSE Mackinder Programme/Oxford University Institute for Science, Innovation and Society, 6. Juli 2009.

Pielke Jr R (2007) The Honest Broker: Making sense of science in policy & politics. CUP, Cambridge.

Pielke Jr R (2010) The Climate Fix: What Scientists and Politicians Won't Tell You About Global Warming. Basic Books, New York.

Pielke Jr R, Prins G, Rayner S, Sarewitz D (2007) Lifting the taboo on adaptation. In: Nature 445:597–598.

Pielke Sr RA (2005) Land use as climate change. In: Science 310:1625-1626.

Pope A (1731) Epistles to Several persons: Epistle IV to Richard Boyle, Earl of Burlington. Verse 53-56, https://tspace.library.utoronto.ca/html/1807/4350/poem1632.html. Zugegriffen: 20. Januar 2010.

Rajamani L (2007) India's Negotiating Position on Climate Change: Legitimate but not Sagacious. Centre for Policy Research, New Delhi, 2007. http://www.cprindia.org/morepolicy.php?s=18. Zugegriffen: 10. Januar 2010

Ramanathan V, Carmichael G (2008) Global and regional climate change due to black carbon. In: Nature Geosci 1:221-227.

Rayner S (2006) Wicked Problems: Clumsy Solutions – diagnoses and prescriptions for environmental ills. Jack Beale Memorial Lecture, UNSW, http://www.sbs.ox.ac.uk/centres/insis/Documents/jackbealelecture.pdf. Zugegriffen: 22. Februar 2010.

Rayner S, Malone E (1998) Ten suggestions for policymakers. In Rayner S, Malone E (Hrsg) Human Choice & Climate Change. Bd. IV, Battelle, S 109–38.

Rees Lord PRS M (2008) The Challenge of science. The Athenaeum Lecture, September 2008.

Reynolds C, Kandlikar M (2008) Climate Impacts of Air Quality Policy: Switching to a Natural Gas-Fueled Public Transportation System in New Delhi. Environ. Sci. Technol. 42:5860–5865.

Rittel H, Webber M (1973) Dilemmas in the General Theory of Planning. In: Policy Sciences 4:154–159.

Robinson H ,O'Brien N (2007) Europe's dirty secret: Why the EU Emissions Trading Scheme isn't working. Open Europe, London.

Ruttan VW (2006) Is War necessary for Economic Growth? OUP, Oxford.

Sarewitz D und Pielke Jr R (2000) Breaking the Global-Warming Gridlock. In: The Atlantic Monthly, 286(1):55–64.

Sarewitz D (2010) Curing climate backlash. In: Nature 464(4):28.

Scott JC (1998) Seeing Like a State: How Certain Schemes to Improve the Human Condition Have Failed. Yale University Press, New Haven.

Shenstone W (1764) The Works in Verse and Prose of William Shenstone Esq. Robert Dodsley (Hrsg), 2 Vols. R & J Dodsley, London.

Shine KS, Sturges WT (2007) $CO_2$ Is Not the Only Gas. In: Science 315:1804-1805.

Stone Jr B (2009) Land use as climate change mitigation. In: Environ. Sci. Technol. 43 (24):9052–9056.

Storch Hv (2009) On adaptation – a secondary concern? In: The European Physical Journal Special Topics, 176(1):13-20. doi: 10.1140/epjst/e2009-01145-0.

Subramanian A (2009) Energy Needs and Efficiency, Not Emissions: Re-framing the Climate Change Narrative. Center for Global Development, Workin Paper 187, http://www.cgdev.org/content/publications/detail/1423191. Zugegriffen: 9. Februar 2010.

Sutter JD (2010) Bill Gates: We need global energy miracles. In: CNN-Online. http://www.cnn.com/2010/TECH/02/12/bill.gates.clean.energy/index.html Zugegriffen: 13. Februar 2010.

Tateishi J (2007) APP Steel Task Force: Flagship Projects. Präsentation, 15. Okt., 2007, $2^{nd}$ Ministerial Meeting (New Delhi) http://www.asiapacific partnershis.org/english/second_ministerial_meetpresent.aspx. Zugegriffen: 25. Januar 2010.

The Economist (2010a) Spin, science and climate change. In: The Economist, 20. März 2010. S 11.

The Economist (2010b) The clouds of unknowing. In: The Economist, 20. März 2010. S 73-76.

The Economist (2010c) Cap-and-trade's last hurrah. In: The Economist, 20. März 2010, S 46.

The Royal Institution of Great Britain (2010) Has global warming increased the toll of disasters? http://www.rigb.org/contentControl?action=displayEvent&id=1000 Zugegriffen: 12. März 2010.

Thompson M, Rayner S (1998) Cultural discourses. In: Rayner S, Malone EL (Hrsg) Human Choice and Climate Change: An International Assessment. Vol. 1, Battelle.

Tol R (2009) The Economic Effects of Climate Change. In: Journal of Economic Perspectives, Vol. 23(2):29–51.

Tollefson J (2009) Climate's smoky spectre. In: Nature 460:29–32. doi:10.1038/460029a

US Department of Energy (2010) Energy Information Administration: Electric Power Monthly. http://www.eia.doe.gov/cneaf/electricity/epm/table1_1.html. Zugegriffen: 25. März 2010.

Vansina J (1974) The power of systematic doubt in historical enquiry. In: History in Africa, 1:139–52.

Venter O, Laurance WF, Iawamura T, Wilson KA, Fuller RA, Possingham HS (2009) Harnessing carbon payments to protect biodiversity. Science 326:1368.

Verweij M, Thompson M (Hrsg) (2006) Clumsy solutions for a complex world: governance, politics and plural perceptions. Palgrave Macmillan, Basingstoke.

Victor D (2010) Global Warming Policy After Copenhagen. Willard W. Cochrane Lecture in Public Policy, University of Minnesota, 21. Januar 2010, mss.

Wald M (2009) Hurdles (Not Financial Ones) Await Electric Grid Update. In: New York Times, 6. Februar 2009, http://www.nytimes.com/2009/02/07/science/earth/07grid.html. Zugegriffen: 7. Februar 2009.

Weiss C, Bonvillians W (2009) Structuring an Energy Technology Revolution. Mass: MIT Press, Cambridge.

World Steel Association (2009) World Steel in Figures 2009, https://www.worldsteel.org/media-centre/press-releases/2009/wsif-2009.html. Zugegriffen: 8. April 2010.

# Verzeichnis der Autoren

**Professor Gwythian Prins**, Mackinder Programme for the Study of Long Wave Events, London School of Economics & Political Science

**Dr Isabel Galiana**, Department of Economics, McGill University.

**Professor Christopher Green**, Department of Economics, McGill University.

**Dr Reiner Grundmann**, Department of Sociology, Aston University.

**Professor Mike Hulme**, School of Environmental Sciences, University of East Anglia

**Professor Atte Korhola**, Department of Biological and Environmental Sciences, University of Helsinki.

**Professor Frank Laird**, Josef Korbel School of International Studies, University of Denver.

**Ted Nordhaus**, The Breakthrough Institute, Oakland, California.

**Professor Roger Pielke Jnr**, Center for Science and Technology Policy Research, University of Colorado.

**Professor Steve Rayner**, Institute for Science, Technology and Society, University of Oxford.

**Professor Daniel Sarewitz**, Consortium for Science, Policy and Outcomes, Arizona State University.

**Michael Shellenberger**, The Breakthrough Institute, Oakland, California.

**Professor Nico Stehr**, Karl Mannheim Chair for Cultural Studies, Zeppelin University.

**Hiroyuki Tezuka**, General Manager, Climate Change Policy Group, JFE Steel Corporation (für Japan Iron and Steel Federation).

MIX
Papier aus verantwortungsvollen Quellen
Paper from responsible sources
FSC® C105338

If you have any concerns about our products,
you can contact us on
**ProductSafety@springernature.com**

In case Publisher is established outside the EU,
the EU authorized representative is:
**Springer Nature Customer Service Center GmbH
Europaplatz 3, 69115 Heidelberg, Germany**

Printed by Libri Plureos GmbH
in Hamburg, Germany